ADOLPHE JOANNE

GÉOGRAPHIE

DE L'ARIÉGE

8 gravures et une carte

HACHETTE ET Cie

GÉOGRAPHIE

DU DÉPARTEMENT

DE L'ARIÉGE

AVEC UNE CARTE COLORIÉE ET 8 GRAVURES

PAR

ADOLPHE JOANNE

AUTEUR DU DICTIONNAIRE GÉOGRAPHIQUE ET DE L'ITINÉRAIRE
GÉNÉRAL DE LA FRANCE

―――――

PARIS

LIBRAIRIE HACHETTE ET Cie

79, BOULEVARD SAINT-GERMAIN, 79

1880

TABLE DES MATIÈRES

DÉPARTEMENT DE L'ARIÉGE

LISTE DES GRAVURES

272. — Imprimerie A. Lahure, rue de Fleurus, 9, à Paris.

DÉPARTEMENT
DE L'ARIÉGE

Le département de l'Ariége doit son *nom* à la rivière de l'Ariége, qui l'arrose du sud au nord.

Il a été *formé*, en 1790, de l'ancien *comté de Foix* (406,455 hectares), de presque tout le *Couserans* (162,509 hectares), qui dépendait de la **Gascogne**, et d'un certain nombre de communes de la province du Languedoc, qui composaient la seigneurie de *Donézan*.

Il est *situé* dans la région sud-ouest de la France, sur la frontière des vallées ou République d'Andorre et de la Catalogne, entre 42° 54′ 50″, et 43° 19′ de latitude et 0° 9′ 40″ et 1° 51′ de longitude occidentale.

Il a pour *limites :* au sud, la Catalogne, province espagnole dont le sépare presque partout la ligne de faîte des Pyrénées, la République d'Andorre et le département des Pyrénées-Orientales ; à l'est, le département de l'Aude ; à l'ouest et au nord, le département de la Haute-Garonne. Son chef-lieu, Foix, est à 772 kilomètres de Paris.

La *superficie* de l'Ariége est de 489,387 hectares. Sous ce rapport, c'est le 77° département de la France. Sa plus grande *longueur*, de Quérigut à Saint-Lary, est de 130 kilomètres; sa plus grande *largeur*, de Lézat à l'Hospitalet, est de 105 kilomètres.

II. — Physionomie générale.

Quoique rattaché directement à la grande chaîne des Pyrénées, le département de l'Ariége se compose de plaines et de montagnes. L'arrondissement de Pamiers est presque tout entier en plaine; celui de Foix est tout entier dans les montagnes; celui de Saint-Girons, montagneux dans sa presque totalité, n'a que très-peu de plaines; aussi le département offre-t-il des aspects variés et pittoresques.

C'est dans l'Ariége que les **Pyrénées** ont leur plus grande largeur. Dans son ensemble, cette partie de la chaîne est souvent réduite à une arête étroite, d'où se détachent des chaînons parallèles séparés par de profondes vallées. Dans l'Ariége, les Pyrénées offrent trois grands chaînons d'inégale hauteur, qui traversent tout le département dans des directions à peu près parallèles entre elles.

La chaîne la plus élevée, et qui forme la limite entre l'Ariége et l'Espagne, commence, à l'ouest, au *Pic de Crabère* (2630 mètres). Les sommets principaux, en allant vers l'est, sont: le *Pic de Maubermé* (2880 mètres); le *May de Bulard* (2752 mètres); le *Pic des Trois-Comtes* (2689 mètres); le superbe *Pic de Montvallier* (2839 mètres); les *Mulats* (2729 mètres); le *Mont Rouch* (2865 mètres); le *Cap de Ruhos* (2604 mètres); le *Pic de Turgulla* (2495 mètres); le *Pic de Montcalm* (3080 mètres), dominé par le *Pic d'Estat* (3140 mètres), point culminant (situé en Espagne) de toute cette partie de la chaîne des Pyrénées; le *Pic de Canalbonne* (2966 mètres); le *Pic de Médécourbe* (2849 mètres); le *Pic de Cabayrou* (2837 mètres); le *Pic de Tristagne* (2879 mètres); le *Pic de Malcaras* (2804 mètres); le *Pic des Fangassès* (2899 mètres); le *Pic de Siguer* (2903 mètres); le *Pic de Serrère* (2911 mètres); le *Milménut* (2735 mètres); le *Pic de la Cabanette* (2841 mètres). La chaîne cesse alors de suivre l'axe des Pyrénées, et, s'infléchissant vers le nord-est, elle sépare l'Ariége des Pyrénées-Orientales, jusqu'au *Pic Pédroux* (2828 mètres). Ces sommets, sur les versants desquels prennent naissance les affluents du Salat et de l'Ariége, sont presque toute l'année couverts de neiges.

La seconde chaîne, dont la direction est du sud-est au nord-ouest, et qui est longue à peu près de 80 kilomètres, est à une distance moyenne de 25 kilomètres au nord de la grande arète : on l'appelle la **Montagne de Tabe.** Elle prend naissance, au sud-est, au *Pic de Camporeils*, montagne située au nord du Puy de Prigue. Les principaux sommets, en allant du sud-ouest au nord-ouest, sont : le *Pic de Moustier* (2608 mètres) ; le *Pic de Terrès* (2549 mètres) ; le *Pic des Récantous* (2539 mètres) ; *le Pic de Camp Ras* (2554 mètres); le *Roc Blanc* (2545 mètres) ; le *Pic de Balbonne* (2322 mètres) ; le *Pic de Tarbesou* (2566 mètres) ; le *Pic de Mounégou* (2079 mètres) ; la *Crête de Paillères* (1998 mètres). Après s'être abaissée, vers les sources du Lhers, jusqu'à 1553 mètres, elle se relève au *Pic de Soularac* (2343 mètres) ; elle se continue par : le *Pic de Saint-Barthélemy* (2349 mètres) ; le *Pic de Galinat* (2253 mètres) ; le *Mont Fourcat* (2004 mètres). Elle s'abaisse de nouveau à Mercus, pour donner passage à l'Ariége, se redresse à la curieuse montagne de *Soulours* (1067 mètres), et présente de nouveau une série de hautes cimes : le *Roc de Trabinet* (1652 mètres) ; le *Cap de las Costes* (1739 mètres) ; le *Cap de la Dosse* (1953 mètres) ; le *Pic des Trois-Seigneurs* (2199 mètres) ; le *Pic de la Journalade* (1949 mètres) ; le *Pic d'Estibal* (1669 mètres) ; le *Pic de Fonfrède* (1622 mètres) ; le *Pic de la Courate* (1422 mètres). La chaîne vient enfin mourir sur la rive droite du Salat, au-dessous du pont de Kercabanak. De nombreuses forêts couvrent les flancs ou les contre-forts de cette chaîne ; nous citerons les forêts de Rivèrenert, du Bosc, de Brassac, de Ganac, de Montoulieu, de Prayols, du Basque et d'Embeyre, de Tiblac et des Hares.

La troisième chaîne, qui porte le nom de **PlantaureI**, se

développe à environ 15 kilomètres au nord de la seconde. De
nature calcaire, elle offre généralement l'aspect d'une immense
muraille très-régulière. Cette chaîne se détache, à l'est, des
montagnes de l'Aude, au nord de la grande forêt de sapins
de Bélesta ; elle entre dans le département de l'Ariége au
Signal de Sainte-Colombe (764 mètres). Elle présente une
série d'altitudes très-diverses : à l'est de l'Ariége, elle varie
entre 700 et 800 mètres ; à l'ouest de la rivière, elle varie
entre 500 et 600 mètres. Les sommets principaux sont : le
Cap de la Mounjo (853 mètres) ; les *Monges* (934 mètres) ;
la *montagne de Roquefixade* (1003 mètres). Le calcaire de
cette chaîne présente de nombreuses et profondes entailles
creusées par le Lhers, la Lectouire, la Douctouire, l'Ariége,
la Lèze, l'Arize et divers petits torrents qui s'y sont ouvert
un passage. Les plus remarquables de ces gorges sont celles
de la Lèze, au-dessous d'Aigues-Juntes, et celle de l'Arize, à
la fameuse grotte du Mas-d'Azil (*V. Curiosités naturelles*).

Au nord du Plantaurel se développe, jusqu'à la plaine de
la Garonne et jusqu'aux coteaux du Lauraguais, un réseau de
collines d'une hauteur de 250 à 400 et quelquefois 500 mètres.

Pour compléter l'aspect général de l'Ariége, il faut citer
la vaste plaine d'alluvions que l'Ariége et le Lhers arrosent,
de Varilhes à la sortie du département ; fertilisée par quelques
canaux, cette plaine pourrait devenir un des jardins de la
France. Au sud de Varilhes, d'une part, à l'est du confluent de
la Douctouire, d'autre part, elle fait place aux deux fertiles
vallées de l'Ariége et du Lhers. A l'ouest du département, la
vallée du Salat, très-fertile au-dessous de Saint-Girons, forme,
au-dessus, une série de gorges pittoresques, où débouchent de
rapides et clairs torrents.

III. — Cours d'eau.

L'Ariége appartient à la fois au versant de l'Océan et à celui
de la Méditerranée. Tous les cours d'eau du département, à
l'exception de ceux du canton de Quérigut, se jettent dans

Pic des Trois-Seigneurs, vu des rochers des Baratous.

le Salat, dans le Volp, dans l'Arize, dans l'Ariége, affluents
de la Garonne, fleuve du versant de l'Océan. Les eaux du
canton de Quérigut se déversent dans l'Aude, qui va se jeter
dans la Méditerranée.

VERSANT DE L'OCÉAN. — La **Garonne** ne touche pas le
département; la partie de son cours la plus rapprochée en
est à 5 ou 6 kilomètres en ligne droite. La Garonne naît dans
le Val d'Aran, en Espagne, au pied du col de Béret, à 1872
mètres d'altitude, tout près des sources de la Noguera, sous-
affluent de l'Èbre. Elle entre en France par la *gorge du Pont-
du Roi*, étroit défilé entre deux énormes rochers, passe à Saint-
Béat, au pied de Saint-Bertrand-de-Comminges, à Montréjeau,
près de Saint-Gaudens, à Saint-Martory, au Fourc où elle reçoit (à droite) le Salat, à Cazères où elle reçoit le Volp, à
Carbonne où elle reçoit l'Arize, à Muret, à Portet où elle
reçoit l'Ariége, à Toulouse, à Grenade; sort de la Haute-Garonne
pour entrer dans Tarn-et-Garonne, où elle baigne Verdun,
Malauze, Auvillars; entre, au-dessous de La Magistère, dans le
département de Lot-et-Garonne, baigne Sauveterre, Agen, Ai-
guillon, Tonneins, Marmande, Meilhan; passe dans le département de la Gironde, y arrose La Réole, Langon, Bordeaux,
Macau, reçoit la Dordogne au Bec d'Ambès, prend une largeur
de 4 à 13 kilomètres, baigne Blaye, Pauillac, Saint-Estèphe,
Mortagne, Talmont, et se jette dans l'Océan entre Royan et
la Pointe de Grave, en face du rocher de Cordouan. Son
parcours est de 650 kilomètres.

Le **Salat** naît de neuf sources appelées les *Neuf Fontaines*,
au pied de la montagne des Cuns, à 6 kilomètres environ
au-dessus du hameau de Salau, commune de Couflens.
Il passe dans la gorge de Couflens (896 mètres) dominée par
des rochers escarpés, arrose Seix, Oust, Vic, Soueix, coule
dans la gorge étroite de Ribaouto, passe à Lacourt, où il fait
mouvoir de nombreuses forges, et débouche dans le fertile
vallon d'Eychel, au-delà duquel il traverse Saint-Girons.
La vallée se rétrécit de nouveau; la rivière arrose Saint-Lizier,
traverse une plaine admirablement cultivée, arrose Taurignan-

Vieux, Sentaraille, Taurignan-Castet, Mercenac, Prat, Lacave, la Bastide-du-Salat, au-delà de laquelle il entre dans le département de la Haute-Garonne. Il passe ensuite à Touille, reçoit la forte rivière de l'Arbas; il arrose Salies, Mazères, Cassagne, où il se grossit du Lens, et tombe dans la Garonne au Fourc, à 4 kilomètres au-dessous de Saint-Martory. Il est flottable en trains de Taurignan-Castet à Lacave, et navigable de Lacave à la Garonne (18 kilomètres environ). La longueur totale de son parcours est de 78 kilomètres. Au moment de la fonte des neiges, le Salat, considérablement grossi, exerce quelquefois d'épouvantables ravages.

Le Salat reçoit, dans le département : — (rive droite) au pont de la Taule, l'*Aleth* (20 kilomètres), qui sort de l'étang d'Aleth au pied du Pic de la Tourno (2550 mètres), reçoit l'*Ossèse* et coule dans la vallée d'Ustou ; — à Couflens de Belmajou, (rive gauche) le *ruisseau d'Estours; —* à Seix, (rive gauche) le *ruisseau d'Esbints ; —* à Vic, (rive droite) le *Garbet* (50 kilomètres), qui sort du lac de Garbet, reçoit l'*Arse* et le *Fouillet*, passe à Aulus, se grossit des belles eaux des sources de *Neuf-Fonts* provenant, dit-on, de l'étang de Lers, situé à 5 kilomètres à l'est, baigne Ercé et Oust ; — au pont de Kercabanak, (rive droite) l'*Arac* (50 kilomètres), qui sort de l'étang de Lers (1590 mètres), au pied du Tuc de Monthéas (1903 mètres), se double par la jonction du *Liers*, et baigne Massat, Biert et Soulan ; — à 2 kilomètres environ en amont de Lacourt, (rive gauche) l'*Arrout*, venant d'Alos ; — au pied du château d'Encourtiech, (rive droite) le *Nert*, qui, descendu du Pech d'Arbièl (1243 mètres), court dans une gorge que bordent, au sud, les immenses forêts de Riverenert ; — à Saint-Girons, (rive droite) le *Baup*, qui descend d'un sommet de 1107 mètres, baigne Rimont et Lescure ; et (rive gauche) le **Lez** (40 kilomètres). Le Lez sort de l'étang d'Albe (2212 mètres), que domine la pyramide de Serre (2715 mètres), montagne frontière entre la France et le Val d'Aran, traverse les pâturages d'Eylie, reçoit le *torrent* de l'étang *d'Araing*, coule dans la belle vallée de Biros, riche en mines de zinc et de plomb, passe à Sentein (710 mètres), à Bonnac, recueille l'*Orlé*, descendu du pic du Port d'Orle (2631 mètres), et le *Rivarot de Bordes*, reçoit à Bordes (578 mètres) le *torrent de Betmale*, baigne Castillon (540 mètres), se grossit, au pied du rocher qui porte l'église d'Audressein (510 mètres), de la *Bouiganne* qui vient d'arroser la vallée de Ballongue, et fait mouvoir les forges d'Engomer. — Le dernier affluent du Salat dans le département est la *Gouarége*, qui a son embouchure à Prat.

Le **Volp** prend sa source dans le pré de Las-Gouttos-de-Cabosse, au sud-est de Lescure, dans le canton de Saint-Girons. Il passe à Montardit, Mérigon, Sainte-Croix, entre dans le département de la Haute-Garonne, baigne le Plan, reçoit la *Boussége*, et va se jeter dans la Garonne au-dessous de Cazères. Cours, 52 kilomètres.

L'**Arize**, dont le bassin est beaucoup moins considérable que ceux de l'Ariége et du Salat, prend naissance dans les montagnes de Cap-Long, au sud d'Esplas et de Sentenac-de-Sérou. Elle passe à Nescus, à la Bastide-de-Sérou, à Durban, traverse la fameuse roche du Mas, grotte immense formée par la réunion, à leur sommet, de deux falaises, baigne le Mas-d'Azil, Sabarat, les Bordes, Campagne, Daumazan, la Bastide-de-Besplas et Thouars, entre dans la Haute-Garonne, où elle baigne Montesquieu-Volvestre, Rieux, et tombe dans la Garonne entre Salles et Carbonne. Cours, 75 kilomètres. Elle n'est flottable ni navigable sur aucun point de son parcours. — L'Arize reçoit : à Estaniels, (rive droite) la *Picade* ou ruisseau de Pouniès ; en aval de la Bastide, (rive droite) l'*Aujole*, qui passe près de Montels ; au moulin de Vic, (rive gauche) l'*Artillac*, qui passe à Castelnau-Durban ; à Balança, (rive gauche) le *ruisseau de Clermont ;* près de Maury, (rive gauche) la *Camarade*, qui vient du village de ce nom, et (rive droite) l'*Aillières ;* en aval du Mas-d'Azil, (à droite) le *Gabre ;* à Sabarat, (rive droite) le *Ménay ;* en aval de Campagne, (rive droite) la *Dourne ;* à Daumazan, (rive gauche) le *Montbrun ;* plus bas, (rive gauche) l'*Argain*, etc.

L'**Ariége** a pour origine la *source de Font-Nègre*, au pied du Pic Nègre (2812 mètres), qui se dresse sur les confins du Val d'Andorre et des Pyrénées-Orientales. Se dirigeant du sud au nord, elle sort des Pyrénées-Orientales à l'ouest du col de Puymaurens, pour entrer dans le département de l'Ariége. Le premier village qu'elle baigne est l'Hospitalet. Elle descend avec rapidité dans d'étroites gorges rocheuses, d'abord granitiques, puis schisteuses, plus bas jurassiques, et baigne Mérens. Elle coule ensuite dans les défilés de la troisième Bazerque, au-delà desquels elle passe à Ax. Au delà, elle passe à Savignac et à Perles, à droite, fait mouvoir les scieries du Castelet et de Luzenac, passe entre Garanou et Lassur, baigne à droite Urs, Vèbre, Albiès, et passe aux Cabannes. Des Cabannes à Ussat, la rivière est bordée d'une paroi presque non interrompue de montagnes rocheuses. En aval d'Ussat, elle baigne Tarascon, laisse à droite Mercus, à gauche Amplaing, Montoulieu, Prayols, Ferrières et passe à Foix (579 mètres). Elle continue à suivre une vallée assez étroite, passe à Saint-Jean-de-Verges, à droite, à Crampagna, à gauche, et à Varilhes, à droite. Là, elle débouche dans une large et fertile plaine ; elle longe à gauche la base de collines cultivées, sur lesquelles sont parsemés de nombreux villages, passe à Pamiers, où elle met en mouvement de nombreuses minoteries, à Bézac, à Bonnac, au Vernet, à Saverdun, où elle abandonne les collines pour traverser la plaine. A 5 kilomètres de Saverdun, elle entre dans le département de la Haute-Garonne ; elle reçoit, à droite, le Lhers, arrose Cintegabelle située un peu au-delà de ce confluent, puis Auterive. Elle baigne Grépiac, Venerque et Clermont, au-delà duquel elle reçoit, à gauche, la Lèze, et va tomber dans la Garonne en face de Portet. La longueur de son cours est de 157 kilomètres. Cette rivière roule des paillettes d'or entre Crampagna et Saverdun ; elle est flottable à partir de son entrée dans le département de la Haute-Garonne, et navigable de Cintegabelle à son embouchure (52 kilomètres).

Les principaux affluents de l'Ariége dans le département

sont : la Sisca, le Mourgouillou, l'Orlu, la Lauze, le Nagear, l'Aston, le Vicdessos, la Courbière, le Scios, l'Arget, le Crieux, etc. En dehors du territoire, elle recueille le Grand-Lhers et la Lèze, dont le cours appartient en partie au département.

Entre la source et l'Hospitalet, l'Ariége reçoit, par la rive droite, les *ruisseaux del Bac de Moré, del Baladra* et *d'En-Garcias*.

La *Sisca* sort de l'étang du même nom, forme une cascade et reçoit (à gauche) le *ruisseau de Baldarques*, avant de se joindre à l'Ariége (rive gauche) en face de l'Hospitalet.

Les *ruisseaux des Besines, de Gremal, de Cargathi* et *du Nabre* descendent des hauteurs de la rive droite de l'Ariége entre l'Hospitalet et Mérens.

Le *ruisseau du Mourgouillou* prend naissance dans un petit étang au pied du Pic de Castille, traverse l'étang de Comté et descend de plus de 700 mètres pour rejoindre l'Ariége (rive gauche) à Mérens.

Le *Bec des Estagnols* a son embouchure un peu en aval du pont Lafont (rive gauche).

L'*Orlu* sort de l'étang de Fauzy, au pied du Pic d'Étang-Fauzy (2709 mètres), traverse l'étang d'En-Beys, forme une belle cascade aux forges d'Orlu, reçoit (à gauche) le *torrent de Gnoles* descendu de l'étang de Naguillé, baigne Orlu où débouche (à gauche) la *rivière* de la vallée *d'Orgeix*, Orgeix, fait mouvoir une forge et se jette dans l'Ariége (rive droite) à Ax (716 mètres).

A Ax, et par la même rive, débouche aussi la *Lauze* ou *Ascou*, qui naît dans les montagnes de Pailhères (1998 mètres) et baigne Ascou. Son principal affluent est le *Riou Caou*.

Le *ruisseau de la Fouis*, qui passe à Sorgeat, a son embouchure tout à côté de la Lauze.

Le torrent de *Nagear* sort de trois petits lacs situés entre le Pic Redoun et le Pic de Fontargente (2788 mètres), coule entre le bois des Esquers et le bois de la Grilole, et se jette dans l'Ariége (rive gauche) en face de Savignac.

Fr. Schrader.

Ax.

En aval et sur la même rive, au hameau du Castelet, débouche le *ruisseau de Lagal.*

Au pont d'Unac, l'Ariége reçoit (rive droite) le *torrent de Causson* et *d'Unac.*

Le *ruisseau de Luzenac,* qui a son embouchure (rive gauche) au village du même nom, descend du Pic Espaillat (2264 mètres).

Les *ruisseaux de Maurègnes* et *de Sauguet* viennent grossir l'Ariége, l'un par la rive gauche, l'autre par la rive droite, à Urs.

L'**Aston** descend de l'étang de Fontargente (2146 mètres), situé au pied du Pic de Joucla (2612 mètres), reçoit le *ruisseau de Guixel* (à gauche), celui de *Querlong* (à gauche) grossi de la *Coume de Jax* et du ruisseau de *Mille-Roques,* celui de *Calvière* (à gauche), celui d'*Artaran* (à droite), le *Sirbal* et le *Ressec* (à gauche), baigne Aston, Château-Verdun et se jette dans l'Ariége (530 mètres) au-dessous des Cabannes. Cours, 30 kilomètres.

Le **Vicdessos,** torrent auquel on donne aussi le nom d'*Oriége,* sort de l'étang de Médécourbe (2192 mètres), que domine le pic de ce nom (2849 mètres), sur la frontière d'Espagne ; reçoit (à gauche) le *torrent de l'Artigue* descendu du Montcalm, celui de *Bassiès,* le cours d'eau (à droite) qui vient des étangs de Fourcat et d'Izourt par Pradières, baigne Auzat et Vicdessos où tombe le *Suc,* reçoit, au pont de la Ramade, (rive droite) le torrent de Siguer, traverse une des régions de la France les plus riches en mines de fer, fait mouvoir des forges et tombe à Tarascon (480 mètres) dans l'Ariége (rive gauche). Cours, 40 kilomètres. — Le *torrent de Siguer* descend du port de Siguer (2594 mètres), dominé par la belle montagne frontière de Rialp (2903 mètres), traverse le grand étang Blanc toujours glacé, l'étang de Peyregrand, reçoit la *Gniouère* qui vient d'une vallée étroite et sauvage, et fait mouvoir la forge de Siguer avant son embouchure.

Un peu en aval de Tarascon débouchent (rive gauche) : la

Tarascon.

Courbière, qui vient de. Rabat et de Surba après avoir reçu le ruisseau de Gourbit ; le *Saurat*, qui naît au pied du cap de la Dosse (1953 mètres), passe près de Saurat et au pied de la montagne de Soudours (1067 mètres) où s'ouvre la grotte fameuse de Bédeillac.

Le *ruisseau d'Arnave* baigne Cazenave, Arnave et Bonpas (rive droite).

Le *Scios*, auquel se joint le *ruisseau de Bauce*, baigne Celles, Saint-Paul-de-Jarrat, longe le chemin de fer de Foix à Tarascon qu'il croise plus loin au-delà de Montgaillard, et tombe dans l'Ariége (rive droite) en amont de Ferrières.

L'*Arget* ou le *Larget* descend du Pic de Fontfrède (1622 mètres), traverse la forêt du Bosc, arrose la vallée de la Barguillière, coule au pied de montagnes sur les pentes méridionales desquelles s'étendent de belles forêts, fait mouvoir les forges de Saint-Pierre et de Planissoles, et se jette, après avoir traversé Foix, dans l'Ariége. Cours, 22 kilomètres.

Le *Lestrique* passe à Escosse et rejoint l'Ariége (rive gauche) en aval de Bézac.

Le *Crieux* (42 kilomètres de cours) naît dans la chaîne calcaire du Plantaurel, au pied d'un sommet de 732 mètres, près de Ventenac, coule dans la plaine de l'Ariége, passe près de Pamiers, à Villeneuve-du-Paréage, et tombe dans l'Ariége (rive droite) à 2 ou 3 kilomètres en amont de Saverdun.

En aval de Saverdun, l'Ariége reçoit (rive gauche) le *ruisseau de Brie*.

L'**Hers** ou le **Grand-Lhers** prend sa source dans le département de l'Ariége, au pied d'un sommet de 1,587 mètres du canton de Lavelanet. Il passe entre Prades et Montaillou, et longe pendant plusieurs kilomètres la limite du département de l'Aude et de l'Ariége, en suivant une gorge profonde. Il s'en éloigne ensuite, passe à Fougax, à Bélesta, baigne Labastide-sur-l'Hers, le Peyrat, et entre dans le département de l'Aude entre ce village et celui de Sainte-Colombe-sur-l'Hers, qu'il laisse à droite et en aval duquel il reçoit à droite le Riveillou ; il recueille, à droite, le Blau, avant de passer à Chalabre où tombe (à droite) le ruisseau du Blau, laisse à droite Sonac, et quitte l'Aude pour rentrer de nouveau dans l'Ariége. Il passe à Camon, baigne Lagarde, touche de nouveau à la limite de l'Aude et de l'Ariége, puis s'en éloigne entre Cazal et Roumengoux, et décrit une grande courbe vers l'ouest. Il baigne Mirepoix, Coutens, Besset, où sa vallée s'élargit considérablement, Rieucros, au-delà duquel il débouche dans la plaine de Pamiers, laisse à gauche Saint-Amadou, Ludiès, le Carlaret, Labastide, Trémoulet, Gaudiès, rentre de nouveau dans le département de l'Aude, passe, à droite, au-dessous de Belpech, près duquel il se grossit de la Vixiége et du Lestaud, laisse à droite Molandier, repasse dans l'Ariége, baigne Mazères, et quitte définitivement l'Ariége, pour entrer dans la Haute-Garonne. Il baigne Calmont, traverse une plaine fertile, et va se jeter dans l'Ariége sous les murs de l'abbaye de Boulbonne, à 5 kilomètres en amont de Cintegabelle. La longueur de son cours est de 120 kilomètres.

L'Hers reçoit, dans le département de l'Ariége : — en amont de Prades, (rive droite) le petit *torrent de Fontfrède* ; — à Barrineuf, (rive gauche) le *torrent de Lassel*, qui passe près de Monségur ; — en amont de Camon, (rive gauche) le *ruisseau de Trière*, qui naît près de Montbel et reçoit le *ruisseau d'Andou ;* — au-dessous du château de Sibra (525 mètres d'altitude), la *Touyre, Touïre* ou *Lectouïre* (45 kilomètres), qui naît au pied du mont Galinat (2252 mètres), canton de Lavelanet, passe à Montferrier, Villeneuve-d'Olmes, Lavelanet, Larroque, Léran et perd dans les cavernes de l'Entounadou une partie de ses eaux, qui ne reparaissent qu'à 8 kilomètres de là ; — au-dessous de Rumengoux, (rive droite) l'*Ambrole*, dont le cours est presque entièrement dans le département de l'Aude ; — en aval de Rieucros, (rive gauche) la *Dectouire*, qui passe à Vira.

La **Lèze**, autre affluent important de l'Ariége, prend sa source au pied du château de Pigne (571 mètres), dans le canton de Foix. Elle passe à Aigues-Juntes, puis traverse le défilé du Pas-du-Roc, tranchée profonde ; elle baigne Pailhès,

Artigat, Le Fossat, passe près de Saint-Ybars et de Lézat, entre dans la Haute-Garonne, où elle arrose le territoire de Saint-Sulpice, Beaumont-sur-Lèze, Lagardelle et Labarthe, et tombe dans l'Ariége. Cours, 75 kilomètres. — La Lèze reçoit une foule de ruisseaux, parmi lesquels le *Cazeaux*, l'*Argenoux*, le *Monesple* et le *Latou*.

VERSANT DE LA MÉDITERRANÉE. — L'**Aude**, qui reçoit les eaux du canton de Quérigut, naît au pied du Roc d'Aude, dans le lac d'Aude, près des Angles, village du canton de Mont-Louis, dans la contrée appelée le *Capcir* (Pyrénées-Orientales). Elle passe à Matemale, reçoit, sur sa rive gauche, les rivières de la Lladure et de Fontrabiouse et sort du département par une dépression située à l'est du col des Hares. Elle traverse la partie la plus orientale du département de l'Ariége, où elle reçoit la Bruyante, et sert, pendant quelques kilomètres, de limite entre ce département et celui de l'Aude. Elle entre dans le département de l'Aude par une gorge profonde, baigne Axat, Quillan, Couiza, Alet, Limoux, Carcassonne, où elle rencontre le canal du Midi. Elle se dirige ensuite vers l'est, en suivant jusqu'à la mer une ligne presque parallèle à celle du canal ; elle arrose Trèbes, Capendu, et, après avoir reçu l'Orbieu et la Cesse, elle se divise en deux bras, dont l'un, conservant le nom d'Aude, va, par Cuxac et Coursan, se jeter dans la Méditerranée près de la redoute de Vendres, presque à la limite des départements de l'Aude et de l'Hérault ; l'autre prend le nom de *Robine de Narbonne*, et, sous forme de canal, passe à Narbonne, suit une étroite langue de terre qui sépare l'étang de Sigean de l'étang de Gruissan, et tombe dans la mer par le canal qui forme le port de La Nouvelle. Longueur du parcours, 208 kilomètres.

Le principal affluent ariégeois de l'Aude est la **Bruyante**. Cette rivière torrentueuse descend des montagnes qui vont du Tarbesou (2366 mètres) au Roc Blanc (2543 mètres); elle traverse la forêt des Hares, arrose Mijanès et Rouze, et se jette dans l'Aude près des ruines du château du Son.

Le département de l'Ariége renferme environ 154 **lacs**, mais ces lacs sont petits et tous situés dans les montagnes. Nous citerons : le *lac d'Araing* (1880 mètres), d'où sort un affluent du Lez ; — le *lac d'Albe* (2212 mètres), d'où sort le Lez ; — l'*étang Long* et l'*étang Rond*, sources du Rivarot de Bordes ; — le *lac d'Aubé*, au pied du Pic d'Aubé ; — le *lac de Garbet*, d'où sort le Garbet ; — l'*étang de Bassiès ;* — l'*étang de Medécourbe* (2192 mètres), origine du Vicdessos ; — l'*étang de Fontargente* (2146 mètres), d'où sort l'Aston ; — l'*étang d'En Beys*, que traverse l'Ariége ; — l'*étang de Naguilles ;* — les trois *étangs de Tabe*, célèbres dans les traditions du pays et situés sur le Pic de Saint-Barthélemy.

IV. — Climat.

Le climat de l'Ariége appartient, en général, au *climat girondin* ou de la région du sud-ouest. Il est chaud dans le nord du département et dans les vallées abritées, froid dans les hautes vallées, très-froid sur les hautes montagnes. La neige se montre sur les sommets dès le mois de septembre, et les recouvre jusqu'au mois d'avril et de mai ; en novembre, elle commence à envahir la plaine, et y reste souvent pendant tout l'hiver. Le printemps est pluvieux et présente de nombreuses variations de température ; souvent, dans la même journée, il pleut, il neige, et un soleil très-chaud triomphe des vapeurs et des nuages. Du 15 juillet au 15 août, les chaleurs sont quelquefois très-fortes ; le thermomètre monte alors jusqu'à 35 et 36° centigrades ; les orages sont fréquents, accompagnés souvent de grêle, et désolent l'arrondissement de Pamiers et une partie de celui de Saint-Girons. La moyenne annuelle des jours de pluie est de 128 jours ; la hauteur annuelle des pluies est de 120 centimètres vers les sources de l'Ariége, de 95 à Foix, de 60 à Pamiers. En hiver, le thermomètre descend rarement au-dessous de 12° ; la température moyenne de l'hiver est de + 3° ; celle de

l'été varie de $+ 25°$ à $+ 28°$. Le vent nord-ouest est le plus
fréquent ; les autres vents dominants sont ceux d'est et de
sud-est ; les vents du nord et du sud y sont rares.

V. — Curiosités naturelles.

Outre la variété de ses paysages, ses sites à la fois gran-
dioses et charmants, ses lacs, ses étangs, ses neiges, ses
forêts, ses cascades, ses gorges pittoresques, le département
de l'Ariége renferme un grand nombre de curiosités naturelles
dont l'énumération et la description serait trop longue.
Nous nous contenterons de citer : la *grotte du Mas-d'Azil*, à
dix minutes de la ville du même nom, immense excavation
d'une hauteur de 80 mètres sur 48 mètres de largeur, qui
sert de passage aux eaux de l'Arize ; — la *grotte de l'Herm*,
près de Pradières, labyrinthe composé d'un grand nombre de
galeries adjacentes, dans lesquelles ont été découverts un
grand nombre d'ossements fossiles ; — la *fontaine intermittente de Fontestorbe*, dont les eaux coulent d'une manière
régulière pendant 8 à 9 mois, et pendant trois mois de
l'année présentent des phénomènes de diminution et d'aug-
mentation alternatives ; — les *montagnes de Gourbit*, abondantes en charmants paysages ; — la *grotte de Bédeillac*,
remarquable par ses admirables stalactites, et dans laquelle
une légende a placé le tombeau de Roland. — Citons enfin
les *grottes d'Ornolac*, *de Lombrive* et *de Niaux*, dans les
environs d'Ussat ; celle *de Las Roques*, près de Gajan, et les
trois grottes *de Cazavet*.

VI. — Histoire.

L'Ariége est, de tous les départements pyrénéens, celui qui
possède le plus grand nombre de grottes sépulcrales (51) et
de monuments mégalithiques. Les peuplades d'origine inconnue qui occupèrent, aux temps préhistoriques, les vallées

de cette contrée, ont laissé, comme témoins de leur passage, des foyers, des armes, des instruments en pierre, des bois de renne travaillés, de grossières poteries, dans les grottes devenues célèbres de l'Herm, de Lombrive, de Tarascon, etc. A ces tribus succédèrent ou vinrent s'adjoindre les constructeurs des dolmens du Mas-d'Azil, etc., qui déjà connaissaient les ornements, puis les armes et les instruments en bronze.

Quelques siècles avant notre ère, les *Consoranni*, peuple aquitain, occupaient, avec la ville d'*Austria* ou *Lugdunum Consoranorum* pour capitale, la vallée du Salat, qui devint successivement la cité, le diocèse, le comté et enfin la vicomté de Couserans ; quant à la partie de cette région qui forma le comté de Foix, on ignore le nom des peuples qui l'habitaient, et l'histoire des Bébryces, d'Hercule et de Pyrène, paraît complétement fabuleuse. Ces populations, probablement d'origine ibérique, furent de bonne heure profondément celtisées, et sans doute ensuite refoulées ou absorbées, au moins dans les vallées fertiles, par la puissante confédération des Volces, dont les anciens géographes ne les distinguent pas. Bien des siècles plus tard, Grégoire de Tours désigne la vallée de l'Ariége sous le nom général de la cité tolosane ; en outre, aujourd'hui encore, tandis que le Couserans, peuplé par des Aquitains, parle, de même que toute l'ancienne Aquitaine, un dialecte gascon, le comté de Foix, le Donézan et le pays de Sault parlent des dialectes languedociens.

On ne sait pas au juste si le Couserans fut incorporé à la Province romaine, lorsque (de 122 à 100 avant notre ère) les Volces, clients de la confédération arverne, eurent fait leur soumission et reçu le titre de fédérés du peuple romain, après la défaite de Bituit, roi des Arvernes ; mais le pays qui, à l'époque féodale, devint le comté de Foix, en fit certainement partie.

Lors de la guerre de Sertorius, la province soutint d'abord ce général, puis se soumit, et, pendant les campagnes de César dans les Gaules, les Provinciaux ne prêtèrent aucun secours à Vercingétorix.

Auguste réunit les Consoranni à la Novempopulanie pour
former l'Aquitaine ; la vallée de l'Ariége, continuant à
dépendre de la *Civitas Tolosa*, suivit pendant toute la durée
de l'Empire la fortune de la province des *Cinq* puis des *Sept-
Peuples*.

Dès la fin du troisième siècle, le christianisme est annoncé
dans toute cette région par les disciples de saint Saturnin ;
à la même époque ou dans le siècle suivant, saint Valère ou
Vallier s'établit dans la cité de Couserans, qui fut jusqu'à la
fin du treizième siècle la seule ville épiscopale du territoire
de l'Ariége. Au quatrième siècle viennent les partisans de
Vigilance et les hérétiques priscilliens, qui, chassés d'Espagne, se réfugient dans les montagnes du versant nord des
Pyrénées et propagent parmi ces populations, encore à moitié
païennes, l'hérésie manichéenne. Vraisemblablement, ainsi
que le fait remarquer dom Vaissette, ces manichéens se
perpétuèrent dans le pays, et c'est d'eux que plus tard les sectaires albigeois tirèrent une partie de leurs doctrines.

Vers 407, les Vandales, les Suèves, les Alains pendant trois
ans, saccagent tour à tour le pays et vont ensuite se répandre
en Espagne. En 412, nouvel afflux de Barbares : cette fois,
ce sont les Wisigoths, auxquels, vers 419, Honorius cède la
partie de la Gaule qui s'étend de Toulouse à l'Océan ; le roi
Wallia fait de Toulouse la capitale de son royaume, distribue
à ses guerriers les deux tiers des terres, laissant le dernier
tiers aux indigènes. A la dévastation désordonnée succède
alors un certain ordre, et cette riche région, désignée par
Sidoine Apollinaire sous le nom de Septimanie, peut enfin
respirer.

Le royaume de Toulouse eut une durée de 89 ans, et ce fut,
avec la période romaine, l'époque la plus heureuse de cette
partie de la Gaule méridionale, assez indifférente, semble-t-il,
à l'arianisme de ses possesseurs. Mais les Wisigoths s'étaient
étendus jusqu'à la Loire ; un de leurs rois, Euric, persécuta
le clergé catholique, et les évêques du nord de la Garonne,
en haine de l'arianisme, désiraient vivement passer sous la

domination franque, depuis que le roi Clovis s'était fait baptiser. Vers 497, saint Volusien, évêque de Tours, soupçonné de connivence avec les Francs, est exilé dans la cité tolosane, puis massacré par son escorte près de Varilhes, dans la vallée de l'Ariége.

En 506, saint Lizier, évêque de Couserans, assiste au concile d'Agde, réuni par le roi Alaric, qui venait de promulguer le code théodosien ; le royaume des Wisigoths, qui comprenait toute la Narbonnaise et s'étendait de plus en plus en Gaule et en Espagne, était parvenu à une grande prospérité. Mais la guerre éclate entre le Nord et le Midi : Alaric est vaincu et tué à la bataille de Vouillé (507) ; Clovis s'empare de Toulouse (508), ne laissant aux Wisigoths que la Narbonnaise, qui prend le nom de Septimanie ou de Gothie, et leurs possessions d'Espagne. Le pays toulousain devient un duché bénéficiaire, qui suit les vicissitudes des partages des royaumes francs. Toulouse, en 630, est un instant la capitale d'un royaume, mais bientôt elle se trouve sous la domination des puissants ducs d'Aquitaine.

Vers 715 commencent à paraître les Sarrasins qui, maîtres de l'Espagne, s'emparent de la Narbonnaise et font des incursions dans le pays toulousain. S'il faut en croire les traditions locales, ils auraient occupé une grande partie de la vallée de l'Ariége et détruit la cité de Couserans. En 721, le duc Eudes leur fait subir une sanglante défaite sous les murs de Toulouse. En 731, les Sarrasins reviennent. Cette fois ce n'est plus une razzia mais une véritable invasion ; tout le midi de la France est ravagé. Eudes appelle à son secours son ennemi Charles Martel et, en 732, les Sarrasins sont écrasés à la bataille de Poitiers.

Charles Martel, ou plus probablement son petit-fils Charlemagne, aida les évêques de Couserans à relever leur ville, qui prit dès lors son nom actuel de Saint-Lizier et appartint temporellement à ses prélats.

Pépin le Bref force le duc d'Aquitaine à le reconnaître comme souverain ; en 778, Charlemagne fait de Toulouse la capitale d'un royaume comprenant tout le midi de la France et les marches d'Espagne. Ce royaume eut une durée nominale d'un siècle ; mais, lorsque Louis le Bègue le réunit à la couronne de France, les ducs bénéficiaires qui, en 848, n'avaient pu empêcher les Normands de piller Toulouse, étaient déjà les véritables souverains de toute cette partie de la France.

Le premier document historique qui fasse mention du pays et du château de Foix date de l'an 1002. A cette époque, Roger, comte de Carcassonne, comte du Couserans et possesseur d'une partie des comtés de Razès et de Comminges, partage ses domaines entre ses fils : Bernard a une partie du Couserans et la viguerie de Sabartès, qui s'étend dans l'ancien Toulousain, du pas de la Barre jusqu'aux limites du diocèse d'Urgel et comprend le pays et le château de Foix.

Roger, fils de Bernard, paraît avoir pris le premier, vers 1036, le titre de comte de Foix, comme étant de maison comtale ; c'est un des rares exemples d'un comté créé de toutes pièces, en dehors du territoire d'une cité antique ou d'un diocèse.

A la même époque se constituent de puissantes seigneuries féodales, vassales plus ou moins dociles des comtes de Foix, et protégées par des forteresses presque inaccessibles, bâties comme des nids d'aigles sur des rochers escarpés. Alors naquirent les maisons de Lagarde, de Miglos, de Lordat, de Pailhès, de Rabat, de Léran, de Mirepoix, qui tinrent le pays, presque jusqu'à la Révolution, sous le joug le plus despotique. Mais dès lors aussi, on ne sait pourquoi, semble baisser la domination des vicomtes de Couserans, qui remontaient à Charles le Chauve et qui, étrangers dans leur propre capitale, possédée par les évêques de Couserans, tenaient leur pauvre cour à Massat ou dans le château peu redoutable d'Encourtiech. Dans les pays d'Ariége, l'avenir devait appartenir aux comtes de Foix, et leur haute fortune fut en grande partie due à leur inexpugnable forteresse.

L'histoire des premiers comtes de Foix est peu connue. Roger II prend part à la première Croisade et, revenu de

Palestine, fait construire le château d'Apamiers, près de l'abbaye de Saint-Antonin de Frédélas (1111), origine de la ville de Pamiers, puis, en 1119, le château de Saverdun. Roger-Bernard, fils de Roger III, fut, paraît-il, un excellent prince; lorsqu'il mourut, en 1188, à sa maison de Mazères, il laissa à ses sujets « un indicible regret...; c'était un prince sage, modéré, valeureux, patient, doux et pieux. » Il fut enterré dans l'abbaye de Boulbonne, comblée de bienfaits par les comtes de Foix.

Son fils, le batailleur Raymond-Roger (1188), prend part à la Croisade, revient en France et bataille sans cesse contre son voisin, le comte d'Urgel. A fin de se ménager des appuis en Catalogne, il marie (1202) son fils à la fille unique d'Arnaud, vicomte de Castelbou, qui abandonne à son gendre, Roger-Bernard, entre autres domaines, ses droits sur les *vallées d'Andorre*. En 1208, le roi d'Aragon, qui vient d'hériter du comté d'Urgel, en échange des droits de Raymond sur ce comté, et aussi pour acquérir un puissant vassal, lui donne la vicomté d'Évol et la seigneurie de *Donézan* avec les châteaux du *Son* et de *Quérigut*, qui dépendaient du comté de Cerdagne. C'est peu après (1209) qu'a lieu la terrible Croisade des Albigeois.

Depuis longtemps déjà le midi de la France, pays riche, lettré, de mœurs brillantes et relâchées, fort tolérant pour les Juifs, et de croyances assez flottantes, était suspect d'hérésie. Manichéens et ariens avaient trouvé des refuges assurés dans les montagnes du pays toulousain, où, dès le sixième siècle, s'étaient cachés les priscilliens; le dualisme de Manès, les rêveries orientales des gnostiques, l'arianisme des Goths, mêlés aux superstitions indigènes, autochthones, avaient préparé le terrain à l'hérésie cathare, grossier mélange de toutes ces doctrines; aussi, dès la fin du dixième siècle, cette hérésie, désignée plus tard sous le nom des Albigeois, fit-elle de nombreux progrès dans la France méridionale et surtout dans le haut et bas Languedoc; à la fin du douzième siècle, malgré les prédications faites par saint Bernard à

Toulouse, les sectaires s'étaient ouvertement organisés, opposant les évêchés cathares de Toulouse, d'Albi, de Carcassonne, du val d'Aran et d'Agen aux évêchés catholiques.

Les Cathares, qui admettaient un Dieu bon et un Dieu mauvais, et croyaient à la transmigration des âmes, n'avaient de chrétien que le nom, mais ils avaient su se créer de nombreux protecteurs dans les rangs de la noblesse, en attribuant aux seigneurs les domaines et les dîmes ecclésiastiques; . ils avaient séduit les populations par la pureté des mœurs et par la simplicité de vie de leurs *parfaits* (le peuple les appelait les *bonshommes*), qui contrastaient avec le genre d'existence des prélats et des abbés catholiques, seigneurs féodaux peu désireux de ressembler aux Apôtres, et dont le luxe effréné excita l'indignation de saint Dominique.

En 1165, a lieu le colloque de Lombers. Les sectaires y sont condamnés par l'Église. Deux ans après (1167), forts de leur popularité, leurs chefs, les *parfaits* ou *bonshommes*, se réunissent ouvertement en concile à Saint-Félix-de-Caraman, et, malgré une première tentative de Croisade (1181), le manichéisme envahit de plus en plus tout le Midi.

La population du comté de Foix avait, en grande partie, adopté les doctrines de la secte ; l'exemple part de haut : Esclarmonde, sœur du comte, est au nombre des Parfaits, et Raymond-Roger laisse construire (1206) sur les domaines de sa sœur, le château de Montségur, destiné à devenir la forteresse inaccessible de l'Église cathare. Quant au comte lui-même, il reste catholique, mais sans grande ferveur, semble-il, puisque, en 1207, alors que depuis trois ans Innocent III demande au roi de France de laisser prêcher une Croisade contre ces nouveaux païens, Raymond, qui assiste dans son château de Pamiers à un colloque entre l'évêque d'Osma et les Parfaits, reçoit à sa table, à tour de rôle, un jour les prédicateurs catholiques, le jour suivant les Cathares.

En 1208, Philippe Auguste cède aux instances du pape e laisse prêcher la Croisade. Le Nord catholique et pauvre se rue sur le Midi à moitié païen et fort riche. En 1209 a lieu le sac de Béziers ; la cité de Carcassonne est prise, et Simon de Montfort, élu chef des troupes et « de la conquête », appelé par l'abbé de Saint-Antonin de Pamiers, se jette sur le comté de Foix. Il s'empare de Mirepoix, l'un des centres hérétiques, occupe le château de Pamiers et oblige Raymond-Roger à lui donner comme ôtage son fils Amaury, jusqu'à ce qu'il se soit purgé des accusations d'hérésie formées contre lui. Le comte de Foix cède pour laisser passer l'orage ; mais bientôt, s'apercevant que Montfort en veut surtout à ses seigneuries, Raymond-Roger se jette dans le parti de son suzerain Raymond VI, comte de Toulouse, taille en pièces (1211), près de Monjoire, un corps de 6000 croisés allemands qui venaient à la curée du Midi, secourt Raymond assiégé par les croisés dans Toulouse, et contribue à faire lever le siége de cette ville. Mais après la défaite de Castelnaudary, Raymond-Roger voyant son comté saccagé par Montfort, prend pour médiateur près de l'Église le roi Pierre d'Aragon, auquel il remet tous ses châteaux comme preuve du désir qu'il a de se soumettre. Sa demande de réconciliation, d'abord accueillie favorablement par le concile, est ensuite repoussée, grâce aux intrigues de Simon de Montfort, qui convoite le comté de Foix. Pierre d'Aragon, indigné de tant de duplicité, prend en main la défense des seigneurs du Midi, et assiége Simon dans Muret ; mais il est battu et tué à la célèbre bataille de Muret (1213), et les comtes de Foix, de Comminges et de Toulouse sont mis en fuite.

Le comte de Foix fait alors sa soumission, qui est acceptée il remet son château de Foix entre les mains du légat, signe une trève de 15 ans avec Simon de Montfort, et il se rend à Rome, au concile de Latran, où il obtient la main-levée de ses biens. En 1217, nouvelle querelle ; Montfort, par ses agissements dans le comté de Foix, le force à rompre la trève ; Raymond-Roger se jette dans Toulouse révoltée et assiégée de nouveau. Montfort est tué (25 juin 1218), et les croisés sont obligés de lever le siége. Peu après, les seigneurs confédérés du Midi, commandés par Raymond VII, par le comte de Comminges et par le comte de Foix, remportent sur les Croisés la victoire de Baziége, et le comte de Foix, qui en 1222 reprend le château de Mirepoix, recouvre toutes ses possessions.

Raymond-Roger mourut en 1223, laissant le renom d'un vaillant homme de guerre. Il avait marié, en 1202, son fils Roger-Bernard avec Ermessinde, fille d'Arnaud, vicomte de Castelbon ou de Cerdagne, à laquelle il avait assigné pour douaire le Lordadais, dont le château, aujourd'hui en ruine, était considérable. Roger Bernard continue à soutenir la cause du comte de Toulouse. Excommunié (1228) au concile de Narbonne, et abandonné à ses seules forces par Raymond VII qui vient de se soumettre à l'Église et au roi de France, il souscrit à son tour (1229) à toutes les conditions qui lui sont imposées par l'Église et par Louis IX. La trêve dura huit ans. Cité (1237) devant le tribunal des inquisiteurs de la foi (institué en 1229), il refuse de comparaître, est de nouveau excommunié, se soumet (1240), prend l'habit monastique dans l'abbaye de Bolbonne et meurt en 1241.

Sous le règne de son fils Roger IV, le château de *Montségur*, le dernier asile des chefs de l'Église cathare ou albigeoise, est assiégé et pris. Le comte de Toulouse Raymond VII, repoussé une première fois (1238), fait de nouveau le siége de cette formidable forteresse, construite au milieu des précipices du Pic Saint-Barthélemy (1244). Les chefs albigeois, après avoir soutenu plusieurs assauts, font évader quatre d'entre eux chargés de sauver le trésor de la secte, puis, ne pouvant prolonger la défense, se rendent à discrétion ; près de deux cents d'entre eux, évêques et Parfaits, sont immédiatement brûlés vifs, sans jugement (14 mars 1244). La prise du château et le massacre des chefs désorganisent l'Église cathare ; peu à peu la noblesse retire sa protection aux Albigeois; les évêques cathares se réfugient à l'étranger, et, vers le milieu du siècle suivant, après le massacre des *faidits* ou proscrits réfugiés dans les grottes d'Ornolac (1328), on perd peu à peu la trace de ces étranges sectaires.

Roger, tour à tour ami ou ennemi de son suzerain le comte de Toulouse, se détacha de son hommage et se fit ad-

Lordat.

mettre en 1243 par le roi de France comme vassal immédiat
de la couronne. Sa vie fut employée à de continuelles que-
relles à propos de ses seigneuries de Catalogne, tantôt avec le
roi d'Aragon, tantôt avec le comte d'Urgel.

Roger-Bernard III, son fils, lui succède (1265). La situation
politique du Midi s'était complétement modifiée depuis la fin
de la Croisade des Albigeois : en 1249, à la mort de Raymond VII de Toulouse, Alphonse de Poitiers, gendre de ce
comte et frère de saint Louis, était devenu possesseur des
immenses biens de la maison de Toulouse, qui, en 1271, furent
réunis aux domaines de la couronne ; de plus, en 1258, le
traité de Corbeil avait réglé d'une manière définitive les
droits et possessions des couronnes de France et d'Aragon sur
les deux versants des Pyrénées. Par ce traité, les remuants seigneurs de Foix se trouvaient sans appui, en face de la royauté
française.

Le comte Roger eut le tort de ne pas comprendre la portée
de ce changement ; en 1272, un an après la réunion du
Languedoc à la France, le comte de Foix, époux de Marguerite,
fille du seigneur de Béarn, ose attaquer, de concert avec le
comte d'Armagnac, son beau-frère, le château de Sompy près
d'Eause, placé sous la sauvegarde du roi de France. Cité à
comparaître devant le roi, il refuse, s'empare du bagage de
Beaumarchais, sénéchal de Toulouse, et, malgré les instances
de Gaston de Béarn, il s'obstine à ne pas se soumettre.

Bientôt assiégé dans la ville de Foix par l'armée royale, et
voyant que le roi fait saper les rochers qui supportaient le
château, il se remet entre les mains de Philippe le Hardi, qui
le fait conduire au château de Carcassonne où il reste prisonnier jusqu'à la fin de l'année 1275. Le comte, appelé alors
à la cour, est comblé d'honneurs, fait chevalier par le roi,
mais il ne rentre en possession complète de ses domaines que
vers 1277.

Le 8 septembre 1278, Roger-Bernard, pour mettre fin à
ses démêlés avec l'évêque d'Urgel, signa le fameux acte de
paréage, qui règle encore aujourd'hui entre la France et l'Es-

pagne le régime politique de la souveraineté des *vallées neutres d'Andorre.*

Le comte avait été fort maltraité dans sa lutte contre la royauté française ; il fut plus maltraité encore dans la lutte qu'il engagea avec la royauté aragonaise. Héritier de la vicomté de Castelbou et de grands biens en Catalogne, il prend part à toutes les prises d'armes des seigneurs catalans ; en 1280 il est fait prisonnier par le roi Pierre d'Aragon, qui le retient pendant plusieurs années en captivité. En 1285, on retrouve le comte de Foix au nombre des seigneurs qui accompagnent Philippe le Hardi dans sa folle expédition en Roussillon et en Catalogne.

En 1290, ayant hérité de la seigneurie de Béarn, du chef de sa femme Marguerite de Moncade, seconde fille de Gaston de Béarn, il se trouve mêlé à toutes les guerres des Français et des Anglais, devient gouverneur et lieutenant du roi de France en Gascogne (1295), et meurt en 1305 laissant tous ses domaines à son fils Gaston.

Ce fut pendant son règne que le pape Boniface VIII érigea le monastère de Saint-Antonin de Pamiers en évêché en faveur de son abbé Bernard de Saisset, qui fut son principal appui dans la lutte qu'il soutint contre Philippe le Bel (1296). Le comté de Foix cessa alors de faire partie du diocèse de Toulouse, et en 1317-1318 le pape Jean XXII créa l'évêché de Mirepoix.

Malgré ses luttes diverses, le XIIIᵉ siècle, après la soumission des comtes de Toulouse, fut pour les contrées ariégeoises une période de reconstitution politique et sociale. Un grand nombre de villages, villes ou bourgs furent érigés en communes, avec des chartes très-libérales, et purent s'adonner à l'agriculture et à l'industrie. Les guerres ayant détruit plusieurs villes anciennes, d'autres furent créées, et quelques-unes sur un plan régulier, avec des rues tirées au cordeau. Ces nouvelles villes furent appelées *bastides*. Ainsi furent fondées : *Saint-Ybars*, en 1241 ; *Mazères*, en 1252 ; *la Bastide-de-Sérou*, en 1256 ; *le Mas-d'Azil*, avant 1286. *Mirepoix*, détruite par une inondation en 1289, fut aussitôt rebâtie sur son emplacement actuel. *Bourg-sous-Vic* commence, à la même époque, de porter son nom actuel de *Saint-Girons*, sous lequel elle devait bientôt éclipser l'antique cité de Couserans. Mazères devint la résidence des comtes de Foix, qui y réunirent une cour brillante toutes les fois que les nécessités de la guerre ne les forcèrent pas de s'enfermer dans le donjon de leur capitale.

Avec Roger-Bernard se termine l'existence individuelle du comté de Foix, dont le sort est désormais lié à celui de la seigneurie de Béarn. Le comté conserve son organisation particulière, ses états, ses franchises, que les comtes ont grand soin de maintenir contre les tentatives des sénéchaux royaux du Languedoc, mais il n'est plus, sauf sous Gaston Phœbus, qu'un des nombreux comtés possédés par les seigneurs de Béarn, et Gaston Ier (1303-1315), Gaston II (1315-1343), résident surtout à Orthez.

Gaston III, leur successeur, le célèbre Gaston Phœbus, se qualifie volontiers des titres de comte de Foix et de Béarn, et réside tantôt dans le comté de Foix et tantôt dans la seigneurie de Béarn; fort occupé des affaires de Gascogne, il ne s'occupe pas moins des affaires de Languedoc.

A l'âge de 12 ans, il commence son règne sous la tutelle de sa mère Éléonore de Comminges; à 14 ans, il fait ses premières armes en Guyenne, contre les Anglais, et acquiert rapidement un brillant renom. Marié à Agnès, fille de Philippe III, roi de Navarre, il est soupçonné (1356) de liaisons contre la France avec son beau-frère, Charles le Mauvais, et retenu en prison pendant un mois, au Châtelet de Paris. Il va ensuite batailler en Prusse contre les infidèles, et chasser le renne et l'ours en Suède et en Norvége, revient en France (1358), délivre les princesses de la famille royale assiégée dans la ville de Meaux par les Parisiens révoltés réunis aux *Jacques*, rentre dans ses états, bat et prend à la bataille de Launac les comtes d'Armagnac et de Comminges, le sire d'Albret et nombre de riches chevaliers, et, grâce à l'énorme

rançon de ses prisonniers, devient le plus riche seigneur de
France. Renommé comme capitaine, habile administrateur,
très-préoccupé de procurer la paix et la prospérité à ses sujets, il
reste neutre entre les Anglais et les Français, et sait faire
respecter de tous sa neutralité, jusqu'au moment où, s'étant
déclaré contre l'Angleterre, il est nommé par Charles V (1380)
lieutenant général de Languedoc, à la grande joie des méri-
dionaux pressurés à outrance par les différents princes du sang
qui, tour à tour, avaient gouverné ou plutôt pillé cette belle
province ; le sage Charles V meurt bientôt après (1381), et le
gouvernement de Languedoc est donné par Charles VI à son
oncle le duc de Berry. La province se soulève, le duc est
battu, mais Gaston Phœbus, au dire d'un historien du temps,
« eut pitié du dégât du pays pour sa querelle particulière »,
et il traita avec le duc.

Gaston Phœbus habitait tour à tour son château d'Orthez,
célébré par Froissart, et le château de Mazères ; ce fut dans ce
dernier château qu'il reçut royalement (1390) le roi Charles VI.

Poète, grand chasseur, l'un des plus grands capitaines de
son temps, le terrible et brillant comte de Foix mourut
subitement en revenant d'une chasse à l'ours dans les
forêts des environs d'Orthez (1391), laissant la réputation
d'un prince aussi économe des deniers de ses sujets que
seigneur magnifique. Ses meutes de chasse comptaient
1,600 chiens de races choisies, mais à sa mort on trouva 1 mil-
lion d'or dans ses coffres, somme énorme pour l'époque.

Il n'avait eu qu'un fils, le jeune Gaston, tué de sa main,
et dont le meurtre, sans doute involontaire, désola la fin de
sa vie. Il avait désigné le roi Charles VI comme l'héritier de
ses domaines ; mais son cousin Mathieu, vicomte de Castelbou, en Catalogne, ayant gagné à prix d'argent l'appui du
duc de Berry, gouverneur du Languedoc, se mit en possession du comté de Foix et se fit reconnaître comme seigneur
par les états de Béarn (1391-1398).

La sœur de Mathieu, Isabelle, porte ensuite ce riche héritage
dans la maison de son mari, Archambault de Grailli, captal

de Buch, qui abandonne le parti des Anglais, prend le nom
de la maison de Foix et, reconnu en 1401 par le roi de France,
se montre fidèle à son nouveau suzerain.

Le comté de Foix n'a plus alors d'autre histoire que celle
des seigneurs de Béarn : Foix-Grailly, Albret ou Bourbon qui,
après avoir hérité du royaume de Navarre, arrivent avec
Henri IV au trône de France. Le comté, désolé par la peste et
les guerres religieuses au seizième siècle, saccagé tantôt
par les catholiques, tantôt par les protestants, est réuni, en
juillet 1607, au domaine de la couronne de France et forme
un gouvernemnet séparé, dont les libertés furent respectées
par les rois de France.

VII. — Personnages célèbres [1].

Treizième siècle. — BENOIT XII (JACQUES FOURNIER), né à
Saverdun, mort à Avignon le 25 avril 1342. D'origine médiocre,
il avait pris l'habit monastique dans l'abbaye de Bolbonne ; il
alla étudier à Paris, fut reçu docteur et bientôt après pourvu
de la riche abbaye cistercienne de Fontfroide, puis nommé
évêque de Pamiers (1317), de Mirepoix (1326), cardinal
(1327). Le 20 décembre 1334, il fut élu pape et se distingua
par sa science, par la pureté de ses mœurs et par son désin-
téressement pour lui et pour sa famille. Il avait l'habitude
de dire que Jacques Fournier avait des parents, mais que le
pape n'en avait point.

Seizième siècle. — GASTON DE FOIX, duc de Nemours, fils
de Jean II, vicomte de Narbonne et de Marie de France, sœur
de Louis XII, né le 10 septembre 1489 au château de Mazères,
faillit être brûlé vif à l'incendie de ce château (1493), ainsi
que sa sœur Germaine de Foix, qui fut depuis la seconde
femme du roi d'Aragon, Ferdinand le Catholique. Encore
tout jeune, Gaston fut envoyé en Italie, par son oncle Louis XII,
et nommé général en chef de l'armée française. Surnommé le

---

1. Les comtes de Foix, du xiie au xive s., furent des hommes remarquables, à la fois poètes, guerriers et législateurs (*V.* ci-dessus, *Histoire*).

Gaston de Foix.

foudre de guerre par ses compagnons émerveillés de sa bravoure, il fut tué à l'âge de 23 ans à Ravenne où, grâce à son génie, les Français avaient remporté une brillante victoire, le 11 avril 1512.

Dix-septième siècle. — PIERRE BAYLE, né au Carla le 18 novembre 1647, célèbre écrivain français, né de parents protestants ; il abjura d'abord le protestantisme, puis y retourna bientôt. En 1675, il obtint une chaire de philosophie à Sedan ; lors de la suppression des universités protestantes, en 1681, il fut appelé à Rotterdam pour y occuper une chaire semblable. A la révocation de l'Édit de Nantes, il combattit dans ses écrits l'intolérance religieuse au point de vue philosophique avec une telle hardiesse, que le ministre furieux réussit à le faire priver de sa chaire. Il se mit alors à rédiger le *Dictionnaire historique et critique* qui a fait sa réputation, et dont la première édition parut en 1697. Cet ouvrage fut dénoncé au consistoire protestant comme impie, mais grâce à la protection de lord Shaftesbury, on le laissa tranquille ; Bayle employa le reste de sa vie à compléter son dictionnaire, dont il donna une nouvelle édition en 1702 (3 vol. in-fol). Il mourut à 59 ans, en 1706.

Dix-huitième siècle. — PIERRE ROUSSEL, né à Ax le 27 septembre 1742, mort le 19 septembre 1802 ; médecin distingué.—JEAN VIDAL, né à Mirepoix le 30 mars 1747, mort à Mirepoix le 2 janvier 1819 pendant qu'il observait une comète. Astronome, ses travaux sur Mercure et sur les étoiles australes visibles à Mirepoix et invisibles à Paris lui méritent une place distinguée dans l'histoire de l'astronomie.— JOSEPH LAKANAL, né à Serres, le 14 juillet 1762, mort à Paris, le 14 février 1845. Professeur de philosophie à Moulins, il fut nommé député de l'Ariége à la Convention, et vota la mort du roi Louis XVI. Il s'occupa surtout de l'organisation de l'instruction publique, et contribua à la création de l'Institut, dont il fut un des premiers membres. En 1815, il se retira en Amérique, revint en France en 1850, et fut, en 1834, élu membre de l'Académie des sciences morales et politiques. — BERTRAND

Clausel, né à Mirepoix, le 12 décembre 1772, mort le 21 avril 1842. Entré au service très-jeune, il se distingua dans les guerres de la République. Général de brigade en 1799, général de division en 1802, il prit une part glorieuse aux campagnes du premier Empire. En 1815, il se rendit en Amérique, fut condamné à-mort par contumace (1816), puis amnistié (1820). De retour en France, il fut élu député de l'Ariége en 1827 et en 1830. Créé maréchal de France en 1831, il fut nommé gouverneur et commandant en chef en Algérie, et prit part à toutes les guerres de la conquête. En 1836, chargé d'attaquer, avec des forces insuffisantes la ville de Constantine, il fut obligé de battre en retraite pour éviter un désastre. Bientôt après il fut rappelé. — L'Ariége a fourni douze autres généraux aux armées de la première République et du premier Empire.

VIII. — Population, langues, culte, instruction, etc.

La *population* de l'Ariége s'élève, d'après le recensement de 1876, à 244,795 habitants (122,852 du sexe masculin, 121,943 du sexe féminin). C'est sous ce rapport le soixante-dix-huitième département de la France. Le chiffre des habitants divisé par celui des hectares donne environ 50 habitants par cent hectares ou par kilomètre carré; c'est ce qu'on appelle la *population spécifique*. La France entière ayant environ 70 habitants par kilomètre carré, il en résulte que l'Ariége renferme, à surface égale, 20 habitants de moins que l'ensemble de notre pays. Sous ce rapport, il est le soixante-deuxième département.

En 1800, date du premier recensement officiel, la population de l'Ariége était de 196 454 habitants; elle s'est donc accrue, depuis cette époque, de 48 341 habitants.

Les idiomes parlés dans le département de l'Ariége sont le *gascon* dans la vallée du Salat (ancien Couserans), et, dans le reste du département, le *languedocien*, qui diffère peu sensiblement de celui qui est employé dans les départements de l'Aude et de la Haute-Garonne. Ces dialectes proviennent, comme toutes les langues néo-latines, d'une altération du latin vulgaire sous l'influence des anciens idiomes en usage dans la contrée. Au voisinage du français, un grand nombre de mots et de formes nouvelles se sont introduits dans cet idiome, et l'ont quelque peu altéré.

Les habitants sont presque tous catholiques ; on ne compte que 7000 protestants.

Le nombre des *naissances* a été, en 1876, de 6,278 ; celui des *décès*, de 5,442 ; celui des *mariages*, de 1,891.

La *vie moyenne* est de 38 ans et 6 mois.

Les 3 *colléges communaux* de Foix, de Pamiers et de Saint-Girons ont compté, en 1878, 198 élèves ; les *institutions secondaires libres*, 252 ; 584 *écoles primaires*, 34,316 ; 10 *salles d'asile*, 1821 enfants.

Le recensement de 1876 a donné les résultats suivants, sur 1,456 jeunes gens qui se sont présentés au recrutement :

Ne sachant ni lire ni écrire	427
Sachant lire seulement.	26
Sachant lire, écrire et compter.	925
Bacheliers.	9
Dont on n'a pu vérifier l'instruction . . .	69

Sur 21 accusés de crimes, en 1873, on a compté :

Accusés ne sachant ni lire ni écrire	8
— sachant lire ou écrire imparfaitement . .	10
— sachant bien lire et bien écrire	1
— ayant reçu une instruction supérieure. .	2

IX. — Divisions administratives.

Le département de l'Ariége forme le diocèse de Pamiers (suffragant de Toulouse) ; il appartient à la 6e subdivision militaire (Pamiers, Foix, canton de Massat) et à la 8e (Saint-Girons, moins le canton de Massat) de la 17e région de corps d'armée (Toulouse). — Il ressortit à la cour d'appel de Toulouse, — à l'Académie de Toulouse, — à la 27e légion de gendarmerie, — à la 10e inspection des ponts-et-chaussées, — à la 18e conservation des forêts (Toulouse), — à l'arrondissement minéralogique de Toulouse (division du Sud-Ouest). — Il comprend : 3 arrondissements (Foix, Pamiers, Saint-Girons), 20 cantons, 336 communes.

Chef-lieu du département : FOIX.

Chefs-lieux d'arrondissement : Foix ; Pamiers ; Saint-Girons.

Arrondissement de Foix (8 cant.; 139 com. : 210,251 hect.; 83,436 h.).

Canton d'Ax (14 com.; 37,867 hect.; 6,303 h.). — Ascou — Ax — Hospitalet (L') — Ignaux — Mérens — Montaillou — Orgeix — Orlu — Perles-et-Castelet — Prades — Savignac — Sorgeat — Tignac — Vaychis.

Canton de la Bastide-de-Sérou (12 com.; 13,824 hect.; 7,956 h.). — Aigues-Juntes — Aillères — Alzen — Bastide-de-Sérou (La) — Cadarcet — Durban — Larbont — Montagagne — Montels — Nescus — Sentenac-de-Sérou — Suzan.

Canton des Cabannes (25 com.; 31,497 hect.; 6,122 h.). — Albiès — Appy — Aston — Aulos — Axiat — Bestiac — Bouan — Cabannes (Les) — Caussou — Caychax — Château-Verdun — Garanou — Larcat — Larnat — Lassur — Lordat — Luzenac — Pech — Senconac — Sinsat — Unac — Urs — Vèbre — Verdun — Vernaux.

Canton de Foix (26 com.; 29,998 hect. : 22,569 h.). — Arabaux — Baulou — Bénac — Bosc (Le) — Brassac — Burret — Celles — Cos — Ferrières — Foix — Freychenet — Ganac — Herm (L') — Loubières — Montgailhard — Montoulieu — Pradières — Prayols — Saint-Jean-de-Verges — Saint-Martin-de-Caralp — Saint-Paul-de-Jarrat — Saint-Pierre-de-Rivière — Serres — Soula — Vernajoul — Villeneuve-du-Bosc.

Canton de Lavelanet (22 com. : 31,355 hect.; 15,472 h.). — Bélesta — Bénaix — Carla-de-Roquefort — Dreuilhe — Fougax-et-Barrineuf — Illat — Lavelanet — Leychert — Lieurac — Merviel — Montferrier — Montségur — Nalzen — Péreille — Raissac — Roquefixade — Roquefort — Saint-Jean-d'Aigues-Vives — Sautel — Ventenac — Vilhac-et-Aiguillanes — Villeneuve-d'Olmes.

Canton de Quérigut (7 com.; 12,062 hect.; 2,693 h.). — Artigues — Carcanières — Mijanès — Pla (Le) — Puch (Le) — Quérigut — Rouze.

Canton de Tarascon (22 com.; 22,122 hect.; 14,490 h.). — Alliat — Amplaing — Arignac — Arnave — Banat — Bédeilhac-et-Aynat — Bompas — Capoulet-et-Junac — Cazenave-Serres-et-Allens — Génat — Gourbit — Lapége — Mercus — Miglos — Niaux — Ornolac — Quié — Rabat — Saurat — Surba — Tarascon — Ussat.

Canton de Vicdessos (11 com.; 31,526 hect.; 7,831 h.). — Auzat —

Gestiès — Goulier-et-Olbier — Illier-et-Lamarade — Lercoul — Orus — Saleix — Sem — Siguer — Suc-et-Sentenac — Vicdessos.

Arrondissement de Pamiers (6 cant.; 114 com.; 128,770 hect.; 77,477 h.).

Canton du Fossat (11 com.; 20,958 hect.; 11,663 h.). — Artigat — Carla-le-Comte — Casteras — Fossat (Le) — Lanoux — Lézat — Monesple — Pailhés — Saint-Ybars — Sieuras — Villeneuve-Durfort.

Canton du Mas-d'Azil (14 com.; 17,348 hect.; 10,224 h.). — Bastide-de-Besplas (La) — Bordes-sur-Arize (Les) — Camarade — Campagne — Castex — Daumazan — Fornex — Gabre — Loubaut — Mas-d'Azil (Le) — Méras — Montfa — Sabarat — Thouars.

Canton de Mirepoix (57 com.; 54,328 hect.; 17,212 h.). — Aigues-Vives — Bastide-de-Bousignac (La) — Bastide-sur-l'Hers (La) — Belloc — Besset — Camon — Cazals-des-Baylés — Coutens — Dun — Engraviés — Esclagne — Lagarde — Lapenne — Laroque-d'Olmes — Léran — Limbrassac — Malegoude — Mirepoix — Montbel — Moulin-Neuf — Peyrat (Le) — Portes — Pradettes — Régat — Rieucros — Roumengoux — Saint-Félix-de-Tournégat — Sainte-Foi — Saint-Julien-de-Gras-Capou — Saint-Quentin — Senesse-de-Sénabugue — Tabre — Teilhet — Tourtrol — Troye — Vals — Viviés.

Canton de Pamiers (21 com.; 20,626 hect.; 17,464 h.). — Allemans (Les) — Arvigna — Benagues — Bézac — Bonnac — Carlaret (Le) — Escosse — Issards (Les) — Lescousse — Ludiés — Madière — Pamiers — Pujols (Les) — Saint-Amadou — Saint-Amans — Saint-Jean-du-Falga — Saint-Martin-d'Oydes — Saint-Michel — Saint-Victor-Rouzaud — Unzent — Villeneuve-du-Paréage.

Canton de Saverdun (14 com.; 20,661 hect.; 12,879 h.). — Bastide-de-Lordat (La) — Brie — Canté — Esplas — Gaudiés — Justiniac — Labatut — Lissac — Mazères — Montaut — Saint-Quirc — Saverdun — Trémoulet — Vernet (Le).

Canton de Varilhes (17 com.; 14,849 hect.; 8,035 h.). — Artix — Calzan — Cazaux — Coussa — Crampagna — Dalou — Gudas — Loubens — Maléou — Montégut — Rieux — Saint-Bauzeil — Saint-Félix-de-Rieutort — Ségura — Varilhes — Verniolle — Vira.

Arrondissement de Saint-Girons (6 cant.; 85 com.; 149,717 hect.; 85,882 h.).

Canton de Castillon (26 com.; 36,968 hect.; 16,002 h.). — Antras — Argein — Arrout — Aucazein — Audressein — Augirein — Balacet — Balaguères — Bethmale — Bonac — Bordes-sur-Lez (Les) — Buzan — Castillon — Cescau — Engomer — Galey — Illartein — Irazein — Orgibet — Saint-Jean — Saint-Lary — Salsein — Sentein — Sor — Uchentein — Villeneuve.

Canton de Massat (6 com.; 18,179 hect.; 14,986 h.). — Aleu — Biert — Boussenac — Massat — Port (Le) — Soulan.

Canton d'Oust (10 com.; 58,537 hect.; 15,447 h.). — Aulus — Couflens — Ercé — Oust — Rogalle — Seix — Sentenac — Soueix — Ustou — Vic.

Canton de Sainte-Croix (11 com., 11,996 hect. : 6,787 h.).— Bagert — Barjac — Bédeille — Cérisols — Contrazy — Fabas — Mauvezin-de-Sainte-Croix — Mérigon — Montardit — Sainte-Croix — Tourtouse-et-Lasserre.

Canton de Saint-Girons (14 com.; 25 894 hect.; 19,428 h.). — Alos — Castelnau-Durban — Clermont — Encourtiech — Erp — Esplas — Eycheil — Lacourt — Lescure — Montégut — Moulis — Rimont — Rivèrenert — Saint-Girons.

Canton de Saint-Lizier (16 com. ; 18,143 hect.; 11.232 h.). — Bastide-du-Salat (La) — Betchat — Caumont — Cazavet — Gajan — Lacave — Mauvezin-de-Prat — Mercenac — Montesquieu-Avantès — Montgauch — Montjoie — Prat-et-Bonrepaux — Saint-Lizier — Sentaraille — Taurignan-Castet — Taurignan-Vieux.

X. — Agriculture, productions.

D'après l'enquête de 1875, les 489,587 hectares qui composent la superficie du département de l'Ariége se subdivisent de la manière suivante :

Céréales	90,576 hectares
Farineux.	25.106 —
Cultures potagères et maraîchères	2,587 —
Cultures industrielles.	1,658 —
Prairies artificielles.	15,493 —
Fourrages annuels.	1,964 —
Jachères mortes.	23,253 —
Vignes.	14,765 —
Bois et forêts.	157,840 —
Prairies naturelles et vergers.	21,834 —
Pâturages et paccages.	79.568 —
Terres incultes.	42,268 —
Superficies bâties ou occupées par les voies de transport.	12,475 —

En nombres ronds, on compte dans le département : 7,170 *chevaux*; 1,395 *mulets*; 12,350 *ânes*; 31,120 *bœufs et taureaux*; 50,250 *vaches et génisses*; 55,090 *porcs*; 5,995 *chèvres*. La *race ovine* compte 355,925 têtes d'animaux du pays et 2,895 têtes de races perfectionnées. La production de la *laine* a été, en 1875, de 677,640 kilogrammes, d'une valeur totale de 1 185 870 francs ; la production du *suif* a été de 237,623 francs. — Les *fromages* faits avec le lait des chèvres ou des vaches sont aussi une source de revenus considérables : les fromages d'Auzat et de la Bastide-de-Sérou sont surtout renommés; l'excellence des herbages et les soins tout particuliers apportés à leur fabrication, permettent d'obtenir des produits rivaux du roquefort et du gruyère. — La *volaille* (poulets, canards, dindons, oies, pintades) dépasse les besoins du département, et est expédiée dans la Haute-Garonne. — Le *gibier* est très-abondant dans les montagnes : on y trouve le sanglier, le chevreuil, l'izard, le lièvre, le lapin, l'oie, le canard sauvage, la bécasse, la bécassine, la perdrix grise, la perdrix blanche, le coq de bruyère, le pluvier, le vanneau. — Parmi les *animaux sauvages*, on trouve : l'ours, le loup, le renard, le blaireau, la loutre; des oiseaux de proie, tels que l'aigle, le vautour, l'épervier, le duc. — Les lacs et les rivières sont très-poissonneux; les truites saumonées et les écrevisses de l'Ariége sont très-renommées.

La *sériciculture* n'est pas pratiquée dans le département. L'*apiculture* y prospère : en 1870, on y comptait 13,920 ruches en activité, qui ont donné 27 840 kilogrammes de miel et 13,920 de cire.

Les **vins**, récoltés dans les parties basses du département donnent un produit moyen de 16 hectolitres 26 par hectare. La récolte totale, en 1875, a été de 242,517 hectares. Les vins de Pamiers jouissent d'une excellente réputation, surtout le vin blanc récolté sur les coteaux avoisinant la ville. Parmi les autres crus, nous citerons ceux des Bordes, du Teilhet et d'Engraviès.

Les *céréales* et les *farineux* dépassent les besoins de la consommation. On a récolté, en 1875 : 341,439 hectolitres de froment ; 53 052 de méteil ; 125,160 de seigle: 5,902 d'orge ; 54,397 de sarrasin ; 292,620 de maïs et de millet; 117,548 d'avoine; 1,290,720 de pommes de terre ; 38,950 de légumes secs.

Parmi les autres produits, citons : la *betterave*, 41,705 quintaux ; le *chanvre*, qui donne 3,422 quintaux de filasse; le *lin*, 6,960 quintaux de filasse; le département produit, en outre, 55,000 kilogrammes d'*huile de lin*, et 4,500 kilogrammes d'huile de chènevis.

On trouve des *truffes* dans plusieurs localités, et notamment dans le voisinage de Dalou.

La *culture maraichère* et celle des *arbres fruitiers* prospèrent surtout dans les environs de Pamiers. On trouve dans le département tous les légumes et tous les fruits du Midi ; les pêches de Bonnac sont renommées.

XI. — Industrie, produits minéraux.

Au point de vue des richesses minéralogiques, le département de l'Ariége est un des plus favorisés de la France. Malheureusement, il reste beaucoup à faire pour leur exploitation.

Il y a des **mines de fer** en exploitation à Castelnau, Château-Verdun, Lercoul, Miglos, Rancié. Les minerais sont traités soit par le système des forges, soit par le système des hauts-fourneaux. Il y a un *haut-fourneau* à Tarascon, et des *forges* à Celles, Château-Verdun, Niaux, Orlu, Manses, Rabat, Tarascon, Villac, Labastide-sur-l'Hers, Villeneuve-d'Olmes, Queilhe, Montgailhard et Lacourt. Les fers de l'Ariége passent pour les plus propres, en France, à la fabrication de l'acier, et sont classés au premier rang dans le Nord comme dans le Midi. En 1875, la production a été : 142,711 quintaux métriques de fonte ; 108,458 de fer ; 550 d'aciers de forge ; 22,577 d'aciers puddlés ; 880 d'aciers de cémentation ; 250 d'aciers fondus. Les *combustibles minéraux* manquent dans le département ; les forges sont entretenues par du charbon de bois qu'on tire des forêts ; quant à la houille, dont le département fait une consommation annuelle moyenne de 90,000 quintaux métriques, elle provient en grande partie d'Aubin et de Carmaux ; le reste est fourni par Alais et l'Angleterre.

L'Ariége charrie des paillettes d'*or*, mais pas assez abondantes pour constituer une industrie spéciale.

Il y a des gisements de *plomb argentifère* aux Abères, à Cadarcet, au Pouech, à Seix, à Sentein, et Saint-Lary ; — de *plomb*, à Aulus et à Montcoustans ; — de *manganèse*, à Montels ; — de *cuivre* et de *zinc* mélangés à d'autres métaux, à Cadarcet et à Seix ; — une *source salée*, à Camarade.

Les *marbres*, quoique assez abondants, sont peu exploités. On trouve le *marbre noir antique* à Moulis et à Bédeillac ; la *brèche violette*, à Bordes ; le *marbre blanc panaché de rouge*, à Montaillou, Montferrier et Château-Verdun ; le *marbre statuaire*, à Aubert (près de Saint-Lizier) à Seix, Saint-Girons et Bélesta.— Il y a d'abondantes carrières de *pierre de taille* à Gudas ; des carrières d'*ardoise* à Celles, Siguer et Unac ; des carrières de *pierres à aiguiser les faux*, à Aleu ; ces pierres, d'une grande dureté, rivalisent avec les pierres du même genre qu'on tire de la Lombardie ; — des *fabriques de plâtre* à Crampagna, à Arignac et à Bédeillac. — A Luzenac, s'exploite et se moud le *talc*.

Les **sources minérales** de l'Ariége sont nombreuses et la plupart très-renommées.

Les *eaux thermales sulfureuses d'Ax*, dans la ville du même nom, coulent par un grand nombre de sources ; on dirait que la ville tout entière repose sur un réservoir d'eau bouillante. Elles alimentent quatre établissements : le *Couloubret* ; les *Bains de Breilh;* le *Teich-Saint-Roch;* le *Modèle;* plus l'*hôpital Saint-Louis ;* leur température varie entre 26° et 78°. Elles se prennent en boisson, en bains et en douches. Elles sont surtout efficaces pour le traitement des dartres, des rhumatismes et des scrofules.

Les *eaux thermales acidules salines ferrugineuses d'Audinac* coulent à une petite distance au sud du hameau de ce nom. Les sources sont au nombre de deux : la *source Chaude* (20°, 9) et la *source Louise* (19° 9) : elles alimentent un établissement. Utilisées en bains ou en boisson, ces eaux sont légèrement purgatives et diurétiques, et efficaces dans certaines affections chroniques des organes abdominaux.

Les *eaux thermales salines ferrugineuses d'Aulus* coulent par trois sources dans un terrain bourbeux, et alimentent un établissement. Leur température est de 18°; elles sont employées en boisson, bains, douches et boues. Elles sont laxatives, diurétiques, activent les fonctions de la peau, et sont surtout efficaces contre les vices du sang.

Les *eaux sulfurées sodiques de Carcanières* coulent par 15 sources sur les bords de l'Aude, à la limite des départements de l'Aude et de l'Ariége. Elles alimentent 4 établissements et sont fréquentées tous les ans par 3,000 à 4,000 baigneurs. Leur température varie de 25° à 59°. Elles sont employées principalement contre les rhumatismes et les affections chroniques des voies respiratoires.

Les *eaux salines froides de Fontcirgue* jaillissent à 1 kilomètre au sud de la Bastide-sur-l'Hers, et alimentent un établissement. Elles sont utilisées en bains ou en boisson pour la guérison des gastrites, des maladies de la vessie, de la jaunisse, des hémorrhoïdes et des maladies nerveuses.

Les *eaux thermales bicarbonatées calciques d'Ussat* coulent dans la commune d'Ornolac par un grand nombre de sources et alimentent deux vastes établissements. Leur débit est de 5,200 hectolitres par jour, et leur température est de 36°. Elles sont employées en bains et en douches, exceptionnellement en boisson. Leur efficacité est surtout constatée contre les affections du système nerveux et les maladies des femmes.

En dehors des industries mentionnées ci-dessus, le département de l'Ariége en compte quelques autres assez importantes. — Il y a des *minoteries* à Foix, à Pamiers, à Crampagna et à Saint-Girons.— Plusieurs *papeteries*, parmi lesquelles celles de Saint-Girons, occupent 136 ouvriers et donnent 720,000 francs de produits; les *fabriques de drap* de Lavelanet occupent plus de 600 ouvriers et produisent plus de 4,000 pièces par année.

Les habitants d'Ustou s'adonnent à une industrie toute spéciale :

l'élevage des ours ; ils prennent les oursons tout petits, leur enseignent à saluer, à danser, à lutter avec l'homme, à repousser les attaques des chiens, et vont les montrer ensuite dans tous les champs de foire.

Citons, parmi les autres industries les plus répandues dans le département : la *briqueterie*, la *poterie*, la *vannerie*, la *tonnellerie*, la *sellerie*, la *carrosserie*, le *charronnage*, la *coutellerie*, la *taillanderie*, la *fabrication d'instruments aratoires*, la *distillerie*. Des scieries *mécaniques*, des *moulins* à huile, à farine et à plâtre ; deux *usines à gaz* complètent l'industrie départementale.

XII. — Commerce, chemins de fer, routes.

Le département de l'Ariége *exporte* : des grains, du beurre, des fromages, du miel, de la cire, des moutons et des veaux gras, des laines, des bois de construction, du fer, du plâtre, de la résine, de la poix, de la térébenthine, du marbre, du jaspe, de la pierre de taille, du papier, du gibier, des châtaignes et quelques chevaux de race estimée.

Il *importe* : des farines (la récolte des céréales étant insuffisante à la consommation), tous les objets servant à l'habillement et à la toilette, des denrées coloniales, des liqueurs, des meubles, des fers ouvrés et de la houille.

Le département est traversé par deux lignes de chemin de fer, d'un développement total de 64 kilomètres :

1° La ligne *de Boussens à Saint-Girons*, qui se détache, au sud de Boussens, de la grande ligne de Toulouse à Tarbes. Elle quitte le département de la Haute-Garonne pour entrer dans l'Ariége, à la station de His-Mane-Touille. Elle dessert les stations de Prat-et-Bonrepaux, Caumont et Saint-Girons ; sa longueur dans le département de l'Ariége est de 20 kilomètres.

2° La ligne *de Toulouse-Saint-Cyprien à Tarascon*, qui se détache, à la station de Portet, de la ligne de Toulouse à Tarbes. Elle quitte la Haute-Garonne, pour entrer dans l'Ariége, à la station de Saverdun. Elle dessert dans le département les stations de Saverdun, Vernet-d'Ariége, Pamiers, Varilhes, Foix, Saint-Paul-Saint-Antoine, Mercus et Tarascon. Sa longueur dans le département est de 44 kilomètres. Il est question de créer une nouvelle lige *de Saint-Girons à Foix*, et une autre *de Saint-Girons à Seix.* — La ligne *de Tarascon à Ax* est concédée, et sera bientôt en construction ; elle remontera la vallée de l'Ariége et passera par Ussat et les Cabannes.

Les voies de communication comptent 2,734 kilomètres, savoir :

2 chemins de fer	64 kil.	
4 routes nationales.	287	
15 routes départementales.	326	

942 chemins vicinaux	24 de grande communication.	468	2,057
	48 de moyenne communication.	682	
	870 de petite communication.	1,907	

XIII. — Dictionnaire des communes.

Aigues-Juntes, 287 h., c. de la Bastide-de-Sérou.

Aigues-Vives, 383 h., c. de Mirepoix.

Aillères, 303 h., c. de la Bastide-de-Sérou.

Albiès, 401 h., c. des Cabannes. ⟶ Ermitage ruiné.

Aleu, 1,151 h., c. de Massat.

Allemans (Les), 824 h., c. de Pamiers.

Alliat, 130 h., c. de Tarascon.

Alos, 1109 h., c. de Saint-Girons. ⟶ Château moderne.

Alzen, 813 h., c. de la Bastide-de-Sérou. ⟶ Vieux château en ruine; ancienne chapelle; jolie cascade. — Vaste grotte.

Amadou (Saint-), 454 h., c. de Pamiers. ⟶ Dans l'église, caveau contenant plusieurs tombeaux. — Ruines de l'ancien château. — Remarquable écho.

Amans (Saint-), 157 h., c. de Pamiers.

Amplaing, 267 h., c. de Tarascon.

Antras, 349 h., c. de Castillon. ⟶ Pèlerinage à N.-D. des Neiges, sur la montagne de l'Izard, le 5 août.

Appy, 134 h., c. des Cabannes. ⟶ Grotte et pic de Saint-Barthélemy.

Arabaux, 170 h., c. de Foix.

Argein, 657 h., c. de Castillon.

Arignac, 780 h., c. de Tarascon.

Arnave, 383 h., c. de Tarascon.

Arrout, 277 h., c. de Castillon.

Artigat, 1227 h., c. du Fossat.

Artigues, 358 h., c. de Quérigut.

Artix, 176 h., c. de Varilhes.

Arvigna, 353 h., c. de Pamiers.

Ascou, 641 h., c. d'Ax.

Aston, 464 h., c. des Cabannes.

Aucazein, 319 h., c. de Castillon.

Audressein, 449 h., c. de Castillon.

Augirein, 527 h., c. de Castillon. ⟶ Grottes.

Aulos, 92 h., c. des Cabannes.

Aulus, 954 h., c. d'Oust. ⟶ Débris d'une antique forteresse, sur le Mont-Castel-Minier. — Grottes.

Auzat, 1,330 h., c. de Vicdessos. ⟶ Château ruiné de Mont-Réal. — Grottes curieuses.

Ax, 1,695 h., ch.-l. de c. de l'arr. de Foix, à l'entrée du joli bassin où débouchent les quatre vallées d'Ascou, de l'Orlu, du torrent de la Fouis et de l'Ariége. ⟶ Hôpital Saint-Louis, fondé en 1270 et restauré en 1847. — Près de l'hôpital, bain des Ladres, large bassin construit en 1200. — Église ogivale avec tour moderne. — Ancienne forteresse; donjon converti en ferme.

Axiat, 248 h., c. des Cabannes.

Bagert, 262 h., c. de Sainte-Croix.

Balacet, 108 h., c. de Castillon.

Balaguères, 1,077 h., c. de Castillon.

Banat, 194 h., c. de Tarascon.

Barjac, 187 h., c. de Sainte-Croix.

Bastide-de-Besplas (La), 741 h.,

c. du Mas-d'Azil. »»→ Château célèbre par un assassinat.

Bastide - de - Bousignac (**La**), 459 h., c. de Mirepoix.

Bastide-de-Lordat (**La**), 425 h., c. de Saverdun.

Bastide-de-Sérou (**La**), 2,865 h., ch.-l. de c. de l'arr. de Foix, sur l'Arize et l'Aujole. »»→ Grotte sur la montagne de la Garosse. — Ruines du château de la Tour-du-Loup.

Bastide-du-Salat (**La**), 404 h., c. de Saint-Lizier.

Bastide-sur-l'Hers (**La**), 877 h., c. de Mirepoix.

Baulou, 525 h., c. de Foix.

Bauzeil (**Saint-**), 155 h., c. de Varilhes.

Bédeilhac-et-Aynat, 555 h., c. de Tarascon. »»→ Deux belles grottes: l'énorme portail et la hauteur de voûte de l'une d'elles (70 à 80 mèt.) lui donnent le premier rang parmi les grottes des Crénées. — Ruines du château de Palamès, sur un mont escarpé de 1,000 mèt.

Bédeille. 416 h., c. de Sainte-Croix. »»→ Château ruiné.

Bélesta, 2,505 h., c. de Lavelanet. »»→ Dans la magnifique forêt de sapins de Bélesta (15 kil. de long sur 3 à 5 de large), profondes cavernes et carrières d'albâtre. — Source intermittente de Fontestorbe (elle coule pendant 36 min. 36 sec. et disparaît pendant 32 min. 30 sec.), si abondante qu'elle forme une rivière.—Ruines du Castel-d'Amont.

Belloc, 211 h., c. de Mirepoix.

Bénac, 500 h., c. de Foix. »»→ Ruines d'un vieux château.

Benagues, 266 h., c. de Pamiers. »»→ Château du XVIe s. (ormes en quinconces du temps d'Henri IV).—Château moderne de Guillot.

Bénaix, 458 h., c. de Lavelanet.

Besset, 205 h., c. de Mirepoix.

Bestiac, 87 h., c. des Cabannes.

Betchat, 1,224 h., c. de Saint-Lizier. »»→ Château de Castelbon, forteresse importante du XIVe s., qui a été restauré. — Église entourée de fossés d'un autre château entièrement démoli.

Bethmale, 1755 h., c. de Castillon.

Bézac, 255 h., c. de Pamiers.

Biert, 2,515 h., c. de Massat. »»→ Ruines du château d'Amour.

Bompas, 250 h., c. de Tarascon.

Bonac, 820 h., c. de Castillon.

Bonnac, 904 h., c. de Pamiers. »»→ A Castella, restes de murs épais, paraissant avoir été une forteresse romaine.— Vestiges d'une ancienne église et d'un cimetière. — Sur les bords de l'Ariége, nombreuses fontaines incrustantes.

Bordes-sur-Arize (**Les**), 1,155 h., c. du Mas-d'Azil. »»→ Château de Lagny, moderne, dans le genre italien.

Bordes-sur-Lez (**Les**), 1,075 h., c. de Castillon. »»→ Grotte dont les eaux arrosent les prairies d'Aulignac; cascade de Rouet, dans la gorge de Rivarot de Bordes; autre cascade du Rivarot (plus de 150 mèt.).

Bosc (**Le**), 1,144 h., c. de Foix.

Bouan, 175 h., c. des Cabannes. »»→ Les Églises (las Gleyzos), restes de fortifications datant, dit-on, des Sarrasins.

Boussenac, 2,756 h., c. de Massat. »»→ Ruines du Castel d'Amour.

Brassac, 1,452 h., c. de Foix.

Brie, 412 h., c. de Saverdun.

Burret, 442 h., c. de Foix.

Buzan, 526 h., c. de Castillon.

Cabannes (**Les**), 414 h., ch.-l. de c. de l'arr. de Foix, au confluent de l'Ariége et de l'Aston. »»→ Points de vue charmants.— Château moderne de Gudane; bosquets de sapins, de frênes et de mélèzes; magnifiques avenues. — Sur un rocher isolé, restes de l'ancien château de Verdun; un peu plus bas, chapelle gothique dédiée à la Vierge. — Nombreuses sépultures du moyen âge.

Cadarcet, 741 h., c. de la Bastide-de-Sérou.

Calzan, 108 h., c. de Varilhes.

Camarade, 1,045 h., c. du Mas-d'Azil.

Camon, 501 h., c. de Mirepoix.

Campagne, 775 h., c. du Mas-d'Azil.

Canté, 404 h., c. de Saverdun. »»→ Dans l'église, bénitier formé d'une statue en marbre antique dont on a brisé la partie supérieure pour creuser dans le buste un bassin; crypte curieuse. —

Sur la hauteur que couronne le château de Rondeilles, magnifique panorama sur l'immense chaîne des Pyrénées et sur la plaine de Toulouse.

Capoulet-et-Junac, 458 h., c. de Tarascon. ⟫⟶Château de Miglos, flanqué de deux tours crénelées.

Carcanières, 232 h., c. de Quérigut. ⟫⟶ Gorge pittoresque, appelée la Pierre-Lys et creusée de main d'homme dans le roc, sur le flanc d'un précipice de 400 à 500 mèt. de profondeur pour le passage d'un chemin.

Carla-de-Roquefort, 367 h., c. de Lavelanet.⟫⟶ Débris d'antiques murailles très-élevées et d'une épaisseur considérable, formant enceinte autour de l'église et de quelques maisons; à l'E. et au S., restes d'un château.

Carla-le-Comte, 1,801 h., c. du Fossat. ⟫⟶ Ancienne demeure de Bayle. — Défilé de Jambonnet, où 7 protestants arrêtèrent l'armée du maréchal de Thémines.

Carlaret (Le), 188 h., c. de Pamiers.

Castelnau-Durban, 1,521 h., c. de Saint-Girons. ⟫⟶ Vieux château.

Casteras, 162 h., c. du Fossat. ⟫⟶ Tour d'un vieux château.

Castex, 374 h., c. du Mas-d'Azil.

Castillon, 990 h., ch.-l. de c. de l'arr. de Saint-Girons, sur le Lez.⟫⟶ Chapelle romane du XIᵉ s.

Caumont, 559 h., c. de Saint-Lizier. ⟫⟶ Nombreuses traces du séjour des Romains.— Restes d'un vaste château du XIIᵉ ou du XIIIᵉ s.

Caussou, 345 h., c. des Cabannes. ⟫⟶ Grotte remarquable.

Caychax, 165 h., c. des Cabannes.

Cazals-des-Baylés, 135 h., c. de Mirepoix.

Cazaux, 195 h., c. de Varilhes.

Cazavet, 568 h., c. de Saint-Lizier. ⟫⟶ 5 grottes: l'une pénètre jusqu'à 2 kil. dans la montagne; la profondeur des deux autres n'a jamais été mesurée. De l'une d'elles sort une source abondante formant un ruisseau où se pêchent d'excellentes truites et qui fait tourner des moulins. — Restes d'un château du XIIᵉ ou du XIIIᵉ s., avec la base d'un donjon.

Cazenave-Serres-et-Allens 570 h., c. de Tarascon.

Celles, 508 h., c. de Foix. ⟫⟶ Antique chapelle, but de pèlerinage le 8 septembre.

Cérisols, 617 h., c. de Sainte-Croix. ⟫⟶ Portail de l'église (XIVᵉ s.).— Ruines d'un château du XIIIᵉ s.

Cescau, 510 h., c. de Castillon.

Château-Verdun, 143 h., c. des Cabannes. ⟫⟶ Sur une colline, ruines du Château-Verdun; sur une éminence ombragée de sapins, frênes et mélèzes, château de Gudane, bâti vers 1750 par un opulent maître de forges.

Clermont, 338 h., c. de Saint-Girons. ⟫⟶ Ruines d'un château..

Contrazy, 406 h., c. de Sainte-Croix. ⟫⟶ Ruines d'un ancien château.

Cos, 193 h., c. de Foix.

Couflens, 999 h., c. d'Oust. ⟫⟶ A Salau, frontière d'Espagne, ruines d'un ancien couvent de femmes, Là jaillissent les 9 sources du Salat et commence le port (passage) des Pyrénées pour entrer en Espagne. Dans cette même commune se dresse le Montvallier (vue splendide), nu, aride, qui, bien qu'élevé seulement de 2,836 mèt., est une des plus belles montagnes des Pyrénées.

Coussa, 266 h., c. de Varilhes.

Coutens, 226 h., c. de Mirepoix.

Crampagna, 651 h., c. de Varilhes. ⟫⟶ Le château, en partie moderne, avec tour du XIᵉ ou du XIIᵉ s., renferme des salles qui paraissent être du temps des Croisades.—A Saint-Agoulis, restes d'un temple païen, entre autres un débris de colonne de marbre dont on a fait le pied du bénitier de l'église. — Grotte d'où sortent les eaux incrustantes de la fontaine sarrasine.

Croix (Sainte-), 1,612 h., ch.-l. de c. de l'arrond. de Saint-Girons, sur le Volp. ⟫⟶ Église paroissiale. — Ancienne chapelle d'un couvent de Fontevrault. — Vaste grotte.

Dalou, 549 h., c. de Varilhes.

Daumazan, 1,199 h., c. du Mas-d'Azil.

Dreuilhe, 262 h., c. de Lavelanet.

Dun, 956 h., c. de Mirepoix. ⟫⟶ Ruines d'un château.

Durban, 1,189 h., c. de la Bastide-de-Sérou.

Encourtiech, 516 h., c. de Saint-Girons. »»»→ Sur une hauteur, dans les bois, ruines d'un château du xIVe s.; on entrait dans le donjon, qui existe encore, par une porte au 2e étage.

Engomer, 755 h., c. de Castillon.

Engraviés, 241 h., c. de Mirepoix.

Ercé, 3.392 h., c. d'Oust. »»»→ Deux églises, l'une romane.

Erp, 670 h., c. de Saint-Girons.

Esclagne, 184 h., c. de Mirepoix.

Escosse, 707 h., c. de Pamiers. »»»→ Ruines d'une très-ancienne abbaye.

Esplas, 294 h., c. de Saverdun.

Esplas, 1.688 h., c. de Saint-Girons.

Eycheil, 491 h., c. de Saint-Girons.

Fabas, 892 h., c. de Sainte-Croix. »»»→ Église; portail du xIVe s.

Félix-de-Rieutort (Saint-), 254 h., c. de Varilhes.

Félix-de-Tournégat (Saint-), 577 h., c. de Mirepoix.

Ferrières, 259 h., c. de Foix.

Foi (Sainte-), 68 h., c. de Mirepoix.

Foix, 6,362 h., ch.-l. du départ., sur l'Ariége, près de son confluent avec l'Arget. »»»→ La ville, mal bâtie, mal percée, au sol inégal, est dominée par un rocher, haut de 58 mèt. — Du *château* (mon. hist.) qui le couronnait, il reste trois grandes tours, dont deux carrées; le donjon cylindrique, haut de 42 mèt., fut construit en 1561 par Gaston Phœbus. Une prison a été bâtie entre les tours. — L'*église* gothique de *Saint-Volusien* dépendait de l'abbaye de ce nom; le chœur est entouré de jolies chapelles. — La *préfecture* et la *bibliothèque* (collection de médailles trouvées dans le pays; livres de chant de la cathédrale de Mirepoix, ornés de miniatures et d'arabesques) occupent les bâtiments de l'abbaye, reconstruits après l'incendie de l'an XII, sur le plan primitif. — Le *palais de justice* est installé dans l'ancien château des gouverneurs. — Le *pont* de l'Ariége, commencé au xIIe s., a été élargi en 1852. — Les *casernes* sont modernes, ainsi qu'une belle *halle* en fer. — La belle *promenade de la Villotte* conduit à l'Ariége. — L'*ermitage de Saint-Sauveur* est situé sur une colline au N. de la ville. — Au S. de la ville, sur un terrain bien cultivé, s'élèvent l'*école normale de Montgauzy*, une grande caserne et la prison.

Fornex, 374 h., c. du Mas-d'Azil.

Fossat (Le), 1,088 h., ch.-l. de c. de l'arrond. de Pamiers, sur la Lèze.

Fougax-et-Barrineuf, 1,549 h., c. de Lavelanet.

Freychenet, 881 h., c. de Foix.

Gabre, 581 h., c. du Mas-d'Azil.

Gajan, 425 h., c. de Saint-Lizier. »»»→ Grotte de las Roquos (2 kil. de profondeur).

Galey, 696 h., c. de Castillon.

Ganac, 1,437 h., c. de Foix.

Garanou, 202 h., c. des Cabannes.

Gaudiés, 501 h., c. de Saverdun.

Génat, 264 h., c. de Tarascon.

Gestiès, 472 h., c. de Vicdessos.

Girons (Saint-), 4,955 h., ch.-l. d'arrond., sur le Salat, au confluent du Lez et du Baup. »»»→ Deux ponts, l'un de quatre arches en marbre rougeâtre, l'autre de trois arches en marbre gris, réunissent la vieille ville, ou bourg, à la nouvelle, connue sous le nom de *Villefranche*. — *Église* reconstruite en 1857 dans le style roman: trois nefs sans transsept; à l'intérieur, deux chapelles dans le style du xVe s.; le clocher, seul reste de l'ancienne église (xIVe s.), est surmonté d'une flèche en briques. — Ancien *château*, occupé par le palais de justice et les prisons. — Promenade du *Champ-de-Mars*, sur la rive droite du Salat. — *Église de Saint-Vallier*, curieuse par son mur crénelé servant de clocher et placé sur le côté de la nef. — Ruines de l'*église des Dominicains* (xIVe s.).

Goulier-et-Olbier, 1,159 h., c. de Vicdessos. »»»→ A Olbier, ruines de Château-Réalp; une galerie souterraine, presque comblée, conduisait du château à la rivière. — Autre château ruiné.

Gourbit, 780 h., c. de Tarascon.

Gudas, 294 h., c. de Varilhes.

Herm (L'), 525 h., c. de Foix. »»»→ Ruines d'un château. — Grotte.

Hospitalet (L'), 141 h., c. d'Ax. »»→ Petite cascade.

Ignaux, 133 h., c. d'Ax.

Illartein, 380 h., c. de Castillon.

Illat, 363 h., c. de Lavelanet.

Illier-et-Lamarade, 383 h., c. de Vicdessos.

Irazein, 151 h., c. de Castillon.

Issards (Les), 217 h., c. de Pamiers.

Jean (Saint-), 210 h., c. de Castillon.

Jean-d'Aigues-Vives (Saint), 140 h., c. de Lavelanet.

Jean-de-Verges (Saint-), 596 h., c. de Foix. »»→ Ruines d'un temple de Cybèle : colonnes de marbre avec leurs chapiteaux corinthiens ornant un colombier, dans une propriété particulière.

Jean-du-Falga (Saint-), 470 h., c. de Pamiers. »»→ Château de Longpré, ancienne maison de plaisance de l'évêque de Pamiers.

Julien-de-Gras-Capou (Saint-), 153 h., c. de Mirepoix.

Justiniac, 238 h., c. de Saverdun.

Labatut, 164 h., c. de Saverdun.

Lacave, 268 h., c. de Saint-Lizier.

Lacourt, 1,077 h., c. de Saint-Girons. »»→ Ruines de deux anciens châteaux, l'un du xve s., l'autre du xive s., d'un aspect sauvage et appelé le Martrou (donjon cylindrique). — Pont de pierre.

Lagarde, 562 h., c. de Mirepoix. »»→ Ruines imposantes d'un ancien château fort ; vaste corps de logis délabré ; place d'Armes entourée de murailles à meurtrières. — Deux ponts. — Enceinte flanquée de trois tours rondes aux angles E., S. et O., et entourée de fossés en partie comblés ; au milieu se dresse la haute tour carrée du donjon. — Débris d'un temple (fondements et chapelle voûtée). — Grottes à stalactites.

Lanoux, 126 h., c. du Fossat.

Lapège, 453 h., c. de Tarascou.

Lapenne, 598 h., c. de Mirepoix. »»→ Église : portail curieux mutilé ; six colonnes en marbre blanc supportent trois arceaux en pierre, ornés de figures sculptées, dont les têtes portent

un mur de près de 3 mèt. d'épaisseur et de 40 de haut, y compris le clocher.

Larbont, 247 h., c. de la Bastide-de-Sérou.

Larcat, 506 h., c. des Cabannes.

Larnat, 258 h., c. des Cabannes.

Laroque-d'Olmes, 1,559 h., c. de Mirepoix. »»→ Découverte de mosaïques. — Débris des anciennes murailles. — De quatre églises, trois sont en ruines ; une a été restaurée. — Dans la forêt de Pujols, à Peyro-Trancado, grotte célèbre dans le pays. — Caves de l'Entonnadou, dans lesquelles s'engouffre une partie de la Lectouire, pour n'en sortir qu'à 8 kil.

Lary (Saint-), 1,357 h., c. de Castillon.

Lassur, 151 h., c. des Cabannes.

Lavelanet, 3,095 h., ch.-l. de c. de l'arrond. de Foix. »»→ Chapelle Sainte-Rufine, sur la montagne du même nom (619 mèt.) ; sur Plantaurel (663 mèt.), ruines du Castel-Sarrazin. — Château féodal. — Beaux sites.

Léran, 943 h., c. de Mirepoix. »»→ Ancien château-fort, complétement restauré, dans lequel se trouve un écho qui répète distinctement dix-sept syllabes.

Lercoul, 315 h., c. de Vicdessos.

Lescousse, 310 h., c. de Pamiers.

Lescure, 1,431 h., c. de Saint-Girons. »»→ L'église (curieux chapiteaux du portail) remplace probablement un temple de Jupiter ; le bénitier est supporté par un autel consacré au souverain de l'Olympe, comme l'indique l'inscription : *Autori bonarum tempestatum*. — Ruines du château, couvertes de lierre.

Leychert, 335 h., c. de Lavelanet.

Lézat, 2,698 h., c. du Fossat. »»→ Découverte de médailles romaines. — Ruines d'une abbaye fondée en 620. — Château de Malsang.

Lieurac, 259 h., c. de Lavelanet.

Limbrassac, 298 h., c. de Mirepoix.

Lissac, 333 h., c. de Saverdun.

Lizier (Saint-), 1,256 h., ch.-l. de c. de l'arrond. de Saint-Girons, sur une colline abrupte dominant le Salat.»»→ Ancienne *cathédrale* (mon. hist.), au-

Foix.

jourd'hui église paroissiale; chœur anté-
rieur au XIᵉ s.; transsept, absidioles et
parties inférieures de la nef du XIIᵉ s.; fe-
nêtres et voûtes de la nef, portail principal et clocher à créneaux du XIVᵉ s. On a
découvert en 1771, dans l'intérieur d'un
autel, la statue en marbre de Janus,
avec ses deux visages; les pierres de la
corniche et du mur extérieur du sanc-
tuaire, représentant des groupes sym-
boliques, sont des débris d'édifices
gallo-romains; peintures sur bois curieuses. A côté de la cathédrale, *cloître*
(mon. hist.) roman du XIIᵉ et du XIIIᵉ s.,
bien conservé (chapiteaux remarquables), composé de deux étages de galeries, l'une en maçonnerie, l'autre en
charpente (XVᵉ s.); à l'un des angles,
tombeau avec statue d'un évêque (1302);
dans l'église, traces d'anciennes peintures; dans la sacristie, portraits d'évêques et crosse que l'on croit être celle
de saint Lizier. — Ancien *palais épis-
copal*, dominant toute la vallée, construit de 1655 à 1680 et converti en asile
départemental d'aliénés. — Donjon de
l'ancien château. — Enceinte de la cité
antique, flanquée de 12 tours romaines,
très-remarquables. — Tour de l'Horloge
(XIIᵉ s.). — A la base des fortifications,
près de la porte de Nargua, bouche
d'*aqueducs* construits avec d'antiques
sculptures. — Quelques *maisons* parti-
culières présentent des débris analo-
gues. — Le *pont* du Salat date du XIIᵉ
ou du XIIIᵉ s.; la largeur du tablier n'est
que de 4 mèt. 37 c.; mais des retraites
ménagées dans les avant-becs des piles
permettent aux piétons d'éviter la rencontre des chars. Une tour de défense,
autrefois à cheval sur le pont, a été
détruite. L'une des piles renferme un
marbre blanc portant une inscription à
Minerve. — Près du pont, *tour* carrée
protégeant un moulin établi en 1120,
mais reconstruit depuis en grande partie. — Dans les environs, la *chapelle
du Marsan* a remplacé un temple de
Mars.

Lordat, 175 h., c. des Cabannes.
➤ Ruines d'un château, sur un rocher accessible seulement du côté de
l'Est.

Loubaut, 105 h., c. du Mas-d'Azil.

Loubens, 502 h., c. de Varilhes.
➤ Château moderne. — Grotte de
400 mèt. de long.

Loubières, 151 h., c. de Foix.

Ludiés, 76 h., c. de Pamiers.

Luzenac, 558 h., c. des Cabannes.

Madière, 527 h., c. de Pamiers.

Malegoude, 81 h., c. de Mirepoix.

Maléou, 221 h., c. de Varilhes.

Mas-d'Azil (Le), 2,521 h., ch.-l. de
c. de l'arrond. de Pamiers, sur l'Arize.
➤ Église ancienne. — A 1 kil., l'Arize,
après avoir roulé entre deux chaînons cal-
caires peu élevés, dont l'un porte les
ruines du castel de Roquebrune, en rencontre une troisième, la superbe Roche-
du-Mas, percée d'une grotte et composée
de 9 ou 10 assises, à travers lesquelles
elle se fraye un passage par une ouverture de 80 mèt. de haut. sur 50 mèt.
de larg. Au-dessus, le rocher s'élève en
amphithéâtre et forme trois galeries
dont l'une a reçu le nom de Solitaire.
La rivière sort par une autre ouverture
assez basse. Le lit de la rivière est composé de roches contre lesquelles les eaux
se brisent avec violence. Depuis quelques années, la route de Saint-Girons à
Pamiers passe dans ce tunnel, que l'A-
rize a creusé. — Sur les montagnes au
N. et à l'O. de la ville, plusieurs monuments mégalithiques; le plus considérable est appelé cabane de Roland.

Martin-de-Caralp (Saint-), 595 h.,
c. de Foix.

Martin-d'Oydes (Saint-), 643 h.,
c. de Pamiers.

Massat, 4,084 h., ch.-l. de c. de
l'arrond. de Saint-Girons, sur l'Arac.
➤ Vaste église; clocher haut de 58
mèt. — Belle promenade du Pouch. —
Sur la montagne de Lers, grand lac
au-dessus duquel est un écho remarquable. — Dans les environs, ruines du
Castel-d'Amour. — Dans la montagne
formant promontoire, à 2 kil. au N., 2
grottes à ossements.

Mauvezin-de-Prat, 165 h., c. de
Saint-Lizier. ➤ Restes d'un château.

Mauvezin-de-Sainte-Croix, 208 h.,
c. de Sainte-Croix.

Mazères, 3,620 h., c. de Saverdun.
➤ Il reste du château des comtes de
Foix une tourelle et des pans de murs.

— De beaux boulevards ont remplacé les fossés de la ville, comblés en 1634. — A 3 kil., décombres de la première abbaye de Boulbonne, fondée en 1129 par les Bénédictins, et détruite en 1567.

Méras, 189 h., c. du Mas-d'Azil.

Mercenac, 715 h., c. de Saint-Lizier.

Mercus, 916 h., c. de Tarascon.

Mérens, 706 h., c. d'Ax. ⚹➡ Ruines d'un ancien château.

Mérigon, 396 h., c. de Sainte-Croix. ⚹➡ Restes d'un ancien château.

Merviel, 180 h., c. de Lavelanet.

Michel (Saint-), 257 h., c. de Pamiers.

Saint-Lizier.

Miglos, 1,010 h., c. de Tarascon. ⚹➡ Sur la cime aiguë d'un rocher, ancien château fort.

Mijanès, 501 h., c. de Quérigut. ⚹➡ Trois cavités ont été creusées dans la montagne, dans l'espoir, dit-on, de trouver de l'or : on les appelle la Bascouillade, la Balboue et la Jasse-del-Bosc. On y voit inscrits des noms de travailleurs avec des dates très-anciennes.

Mirepoix, 4,057 h., ch.-l. de c. de l'arrond. de Pamiers, sur le Grand-Lhers. ⚹➡ Église (mon. hist.) commencée en 1401 ; clocher carré, flanqué aux angles d'élégantes pyramides ; belle flèche octogonale. - Le chœur, de 1451, es entouré de sept chapelles renfermant diverses œuvres d'art. — Hôtel de ville. — Du château de Terride (mon. hist.), il reste une tour carrée, les débris d'une chapelle, une enceinte de fossés, deux ponts et une place d'armes entourée de murs percés de meurtrières. — Beau pont de sept arches. — Presque en face du pont, ruines d'un couvent de Cordeliers. — Restes de l'ancien évêché. — Places ombragées de beaux arbres et ornées de fontaines jaillissantes. — Promenades agréables autour de la ville. — Dans le cimetière, mausolée en marbre blanc du maréchal Clauzel.

Monesple, 191 h., c. du Fossat.

Montagagne, 317 h., c. de la Bastide-de-Sérou.

Montaillou, 258 h., c. d'Ax.

Montardit, 649 h., c. de Sainte-Croix.

Montaut, 1,551 h., c. de Saverdun. »»—→ Murailles d'enceinte bien conservées. — Église Saint-Michel. — Ancienne tour gothique. — Ruines de l'ancien château.

Montbel, 288 h., c. de Mirepoix.

Montégut, 174 h., c. de Saint-Girons. »»—→ Sur la colline, château du xiiie s., restauré au xviie.

Montégut, 776 h., c. de Varilhes. »»—→ Ruines de l'ancien château-fort.

Montels, 465 h., c. de la Bastide-de-Sérou.

Montesquieu-Avartès, 754 h., c. de Saint-Lizier. »»—→ Ruines du vieux château. — Grotte de Laguère.

Montfa, 345 h., c. du Mas-d'Azil. »»—→ Ruines d'un vieux château.

Montferrier, 1,560 h., c. de Lavelanet. »»—→ Épaisses murailles de l'ancienne forteresse. — Église bâtie en 1212; au-dessus de la voûte était établi un couvent de Capucins, dont il reste des vestiges. — Pic granitique de Saint-Barthélemy.

Montgailhard, 928 h., c. de Foix. »»—→ Sur un pic rocheux et pittoresque, dominant la vallée de 200 mèt., restes d'un château démoli sous Louis XIII; beau point de vue.

Montgauch, 425 h., c. de Saint-Lizier. »»—→ Nombreuses grottes cavités remplies d'eau et d'une profondeur inconnue. — A l'évêché, restes de constructions romaines.

Montjoie, 1,726 h., c. de Saint-Lizier. »»—→ L'église, précédée d'un portail romano-ogival du xive s. surmonté lui-même d'un clocher-arcade très-curieux, s'élève dans une enceinte fortifiée, flanquée de tours. Cette enceinte, contre laquelle s'appuient quelques maisons de bois du xvie s., occupe l'emplacement d'un temple de Jupiter, d'où le nom de mont Joie (*mons Jovis*). — Maisons du xve s.

Montoulieu, 856 h., c. de Foix.

Montségur, 752 h., c. de Lavelanet. »»—→ Ruines d'un ancien château (mon. hist.), au sommet d'un roc escarpé (1,207 mèt.).

Moulin-Neuf, 190 h., c. de Mirepoix.

Moulis, 2,216 h., c. de Saint-Girons. »»—→ Ruines de l'ancien château de las Tronques, où l'on a découvert une foule d'objets du moyen âge. — Débris d'anciennes constructions, sur une colline d la rive dr. du Lez. — A Aubert, on voit dans la maçonnerie des maisons, des morceaux de marbre souvent ornés de mosaïques, et des débris de colonnes. Près d'Aubert est le Traüc del Debremberi (Le Trou de l'Oubli), carrière de marbre que l'on dit avoir été exploitée par les Romains. — A Luzenac, église curieuse.

Nalzen, 386 h., c. de Lavelanet.

Nescus, 257 h., c. de la Bastide-de-Sérou.

Niaux, 282 h., c. de Tarascon. »»—→ Grotte de la Calbière, au portail immense et renfermant deux petits lacs.

Orgeix, 190 h., c. d'Ax. »»—→ Château, beau jardin.

Orgibet, 885 h., c. de Castillon.

Orlu, 568 h., c. d'Ax. »»—→ Sur le haut de la montagne d'Orlu, large ouverture en forme de puits, dans laquelle on peut descendre et où l'on trouve des traces d'anciens travaux. — Étang de Naguilles. — Beaux lacs des Peyrisses.

Ornolac, 400 h., c. de Tarascon.

Orus, 409 h., c. de Vicdessos.

Oust, 1,522 h., ch.-l. de c. de

Ruines du château de Miglos.

l'arrond. de Saint-Girons, sur le Garbet et le Salat. ⟫⟶ Église, clocher moderne de style roman. — Vieille tour ronde au milieu de murailles en ruines. — Chapelle récente sur une colline. — Pont de pierre.

Pailhès, 1,110 h., c. du Fossat. ⟫⟶ Château. — A l'E. du village, castel pittoresque sur un promontoire boisé. — Écho remarquable.

Pamiers, 8,967 h., ch.-l. d'arrond. ⟫⟶ Cathédrale surmontée d'un clocher octogonal reposant sur une tour massive crénelée, et conservé par Mansart lors de la reconstruction de la nef, dans le style du xvii° s.; ce clocher a été flanqué depuis d'élégants clochetons.— L'église N.-D. du Camp est très-ancienne ; son énorme façade cubique à créneaux et à mâchicoulis est encastrée entre deux tours également crénelées. — Sur l'emplacement du château, magnifique promenade du Castella, fort élevée au-dessus de la ville (vue magnifique). — Évêché, un des plus beaux de la France. — Grand séminaire récemment construit. — Débris de l'ancienne abbaye de Frédelas (le mas Saint-Antonin), à 1 kil. — Près de ces ruines, source minérale des Barraques.

Paul-de-Jarrat (Saint-), 1,552 h., c. de Foix. ⟫⟶ Débris d'un ancien château.

Pech, 125 h., c. des Cabannes.

Péreille, 210 h., c. de Lavelanet. ⟫⟶ Au sommet d'un rocher, ruines d'un ancien château. — Du pied de la montagne de Turos, près de la belle cascade formée par le torrent de Raissac, source abondante dont les eaux deviennent tourbeuses en été par un temps sec, et un ou deux jours avant les fortes pluies.

Perles-et-Castelet, 565 h., c. d'Ax.

Peyrat (Le), 516 h., c. de Mirepoix.

Pierre-de-Rivière (Saint-), 456 h., c. de Foix.

Pla (Le), 265 h., c. de Quérigut.

Port (Le), 2,457 h., c. de Massat. ⟫⟶ Col du Pont ou du Four, à 1,249 mèt.; beau point de vue.

Portes, 554 h., c. de Mirepoix.

Prades, 561 h., c. d'Ax. ⟫⟶

Ruines d'un ancien château, appelé château de la reine Marguerite ; plusieurs tours ; plus de 20 maisons ont été construites dans l'enceinte.

Pradettes, 99 h., c. de Mirepoix.

Pradières, 300 h., c. de Foix.

Prat-et-Bonrepaux, 1,291 h., c. de Saint-Lizier. ⟫⟶ Château du xvi° s., au sommet d'une colline boisée. — Dans le perron de l'église (cloche de 1340), qui est dominée par un grand pignon crénelé et flanqué de tourelles, pierre tumulaire d'un centurion romain de la 9° légion.—Sur la Gouarège, ruisseau poissonneux, joli pont de marbre (1818). — Grotte sur la g. de laquelle s'ouvre un puits d'une profondeur considérable.

Prayols, 425 h., c. de Foix.

Puch (Le), 126 h., c. de Quérigut.

Pujols (Les), 594 h., c. de Pamiers.

Quentin (Saint-), 591 h., c. de Mirepoix.

Quérigut, 679 h., ch.-l. de c. de l'arrond. de Foix. ⟫⟶ Ancien château, sur un énorme rocher.

Quié, 146 h., c. de Tarascon. ⟫⟶ Ruines d'un château fort, dans une position formidable.

Quirc (Saint-), 414 h., c. de Saverdun.

Rabat, 1,558 h., c. de Tarascon. ⟫⟶ Ruines d'un ancien château.

Raissac, 75 h., c. de Lavelanet. ⟫⟶ Belle cascade et source abondante.

Régat, 77 h., c. de Mirepoix.

Rieucros, 434 h., c. de Mirepoix.

Rieux, 535 h., c. de Varilhes.

Rimont, 1,979 h., c. de Saint-Girons. ⟫⟶ Ruines d'une abbaye de Prémontrés.

Rivèrenert, 1,425 h., c. de Saint-Girons.

Rogalle, 425 h., c. d'Oust.

Roquefixade, 617 h., c. de Lavelanet. ⟫⟶ Ruines importantes (tour et murs) de l'ancien château de Roquefixade (xiii° s.), bâti sur la montagne.

Roquefort, 409 h., c. de Lavelanet.

Roumengoux, 281 h., c. de Mirepoix.

Rouze, 554 h., c. de Quérigut. ⟫⟶ Ponts en pierre, quelques-uns construits, dit-on, par Vauban. — Vestiges d'un château qui servit de refuge aux Sarrasins. — Vastes grottes.

Sabarat, 696 h., c. du Mas-d'Azil. ⫸→ Ruines de l'ancien château de Marveille.—-Grotte sur l'Arize, à 266 m.

Saleix, 565 h., c. de Vicdessos. ⫸→ Ruines d'un château.

Salsein, 528 h., c. de Castillon.

Saurat, 3,483 h., c. de Tarascon. ⫸→ Église ancienne. — Belles promenades ornées de fontaines.

Sautel, 288 h., c. de Lavelanet.

Saverdun, 4,008 h., ch.-l. de c. de l'arrond. de Pamiers, sur l'Ariége. ⫸→ Hôpital fondé en 1289.—Débris d'un château détruit en 1653.

Savignac, 404 h., c. d'Ax.

Ségura, 228 h., c. de Varilhes.

Seix, 3,243 h., c. d'Oust. ⫸→ Ruines du vieux château de Mirabat. — Deux petites églises, dans une belle situation.

Sem, 597 h., c. de Vicdessos. ⫸→ Roc et cascade. — Deux monuments druidiques appelés Pierres Levées.

Senconac, 117 h., c. des Cabannes.

Senesse-de-Sénabugue, 138 h., c. de Mirepoix.

Sentaraille, 714 h., c. de Saint-Lizier.

Sentein, 1,287 h., c. de Castillon. ⫸→ L'église, flanquée de quatre tours, est entourée d'une enceinte fortifiée.— Débris d'un château fort. — Étangs et cascade de la montagne d'Arraing.

Sentenac, 1,160 h., c. d'Oust.

Sentenac-de-Sérou, 440 h., c. de la Bastide-de-Sérou.

Serres, 1,622 h., c. de Foix.

Sieuras, 353 h., c. du Fossat. ⫸→ Château de Nogarède, flanqué de deux grosses tours. — Fontaine de Font-Escure.

Siguer, 865 h., c. de Vicdessos.

Sinsat, 161 h., c. des Cabannes. ⫸→ Grotte sépulcrale.

Sor, 105 h., c. de Castillon.

Sorgeat, 450 h., c. d'Ax.

Soueix, 804 h., c. d'Oust.

Soula, 554 h., c. de Foix.

Soulan, 2,023 h., c. de Massat.

Suc-et-Sentenac, 1,292 h., c. de Vicdessos.

Surba, 222 h., c. de Tarascon.

Suzan, 52 h., c. de la Bastide-de-Sérou.

Tabre, 79 h., c. de Mirepoix.

Tarascon, 4,607 h., ch.-l. de c. de l'arrond. de Foix, en amphithéâtre sur l'Ariége. ⫸→ Sur un monticule isolé, ruines d'un château-fort, démoli par Louis XIII; tour ronde, du haut de laquelle on veillait à la garde de la ville. — Beau pont en pierre et en marbre. — L'avenue du pont est ornée d'une fontaine surmontée d'une colonne couronnée par une statue de la Samaritaine. — Beau musée paléontologique de M. Garrigou. — A Sabart, chapelle fondée, dit-on, du temps de Charlemagne, et pont hardi d'une arche, en marbre, sur le Vicdessos.

Taurignan-Castet, 591 h., c. de Saint-Lizier. ⫸→ Ruines d'un ancien château.

Taurignan-Vieux, 591 h., c. de Saint-Lizier.

Teilhet, 327 h., c. de Mirepoix.

Thouars, 124 h., c. du Mas-d'Azil.

Tignac, 178 h., c. d'Ax.

Tourtouse-et-Lasserre, 1,142 h., c. de Sainte-Croix. ⫸→ Ruines d'un château presque féodal, construit en 1656 par un évêque de Saint-Lizier, pour se soustraire aux tracasseries des chanoines. Le donjon sert de clocher à l'église.

Tourtrol, 214 h., c. de Mirepoix.

Trémoulet, 201 h., c. de Saverdun.

Troye, 250 h., c. de Mirepoix.

Uchentein, 565 h., c. de Castillon.

Unac, 295 h., c. des Cabannes. ⫸→ Église (mon. hist.).

Unzent, 388 h., c. de Pamiers.

Urs, 157 h., c. des Cabannes. ⫸→ Ruines d'un ancien château.

Ussat, 222 h., c. de Tarascon.

Ustou, 2,657 h., c. d'Oust. ⫸→ Grotte de Font-Sainte, ainsi appelée d'une fontaine qui la traverse et dont la réputation miraculeuse est répandue jusqu'en Espagne. — Chapelle très-ancienne de Font-Sainte, but de pèlerinage dès qu'une calamité afflige le pays. — Ruines d'anciens châteaux.

Vals, 189 h., c. de Mirepoix. ⫸→ Église taillée dans le roc, d'une architecture originale, but de pèlerinage, le 8 septembre. On y entre par deux ouvertures, dont l'une va de bas en haut et l'autre de haut en bas; l'ouverture inférieure est formée par la séparation de deux rochers; tour assez élégante.— Tour en ruine.— Énorme pierre mégalithique.

Varilhes, 1,637 h., ch.-l. de c. de l'arrond. de Pamiers, sur l'Ariége. »»→ Ancienne église de Vals, en grande vénération dans le pays, récemment restaurée. — Grotte curieuse.

Vaychis, 215 h., c. d'Ax.

Vèbre, 552 h., c. des Cabannes. »»→ Petit castel délabré. — Ruines du château de Lordat (xii° s.), sur un roc inaccessible de trois côtés.

Ventenac, 505 h., c. de Lavelanet.

Verdun, 455 h., c. des Cabannes.

Vernajoul, 474 h., c. de Foix.

Vernaux, 120 h., c. des Cabannes.

Vernet (Le), 514 h., c. de Saverdun.

Verniolle, 1,243 h., c. de Varilhes. »»→ Château dont quelques archéologues font remonter l'origine au v° s.

Vic, 295 h., c. d'Oust. »»→ Les deux petites absides de l'église sont romanes; la voûte en bois est disposée par petits carrés où sont peintes une multitude de têtes aux couleurs encore très-vives.

Vicdessos, 862 h., ch.-l. de c. de l'arrond. de Foix, au confluent du Vicdessos et du Suc. »»→ Église souvent remaniée; tour romane; porte de la façade, gothique.

Victor-Rouzaud (Saint-), 585 h., c. de Pamiers.

Vilhac-et-Aiguillanes, 619 h., c. de Lavelanet. »»→ Vaste tour de Vilhac. — Ancien château à Aiguillanes.

Villeneuve, 294 h., c. de Castillon.

Villeneuve-d'Olmes, 560 h., c. de Lavelanet. »»→ Ruines d'un château détruit, dit-on, par les Sarrasins.

Villeneuve-du-Bosc, 126 h., c. de Foix.

Villeneuve-Durfort, 779 h., c. du Fossat.

Villeneuve-du-Paréage, 542 h., c. de Pamiers.

Vira, 287 h., c. de Varilhes.

Viviés, 153 h., c. de Mirepoix.

Ybars (Saint-), 2,148 h., c. du Fossat. »»→ Vieille tour en ruines, restes d'un château détruit par les Albigeois.

272. — Paris. — Imprimerie A. Lahure, 9, rue de Fleurus.

Drawé par ADOLPHE JOANNE

Les chiffres indiquent la hauteur en mètres au dessus du niveau de

SIGNES CONVENTIONNELS

le Fousseret

Aurignac

St Martory

CATALOGNE

Librairie Hachette et Cⁱᵉ à Paris.

PYRÉNÉES - ORIENTALE

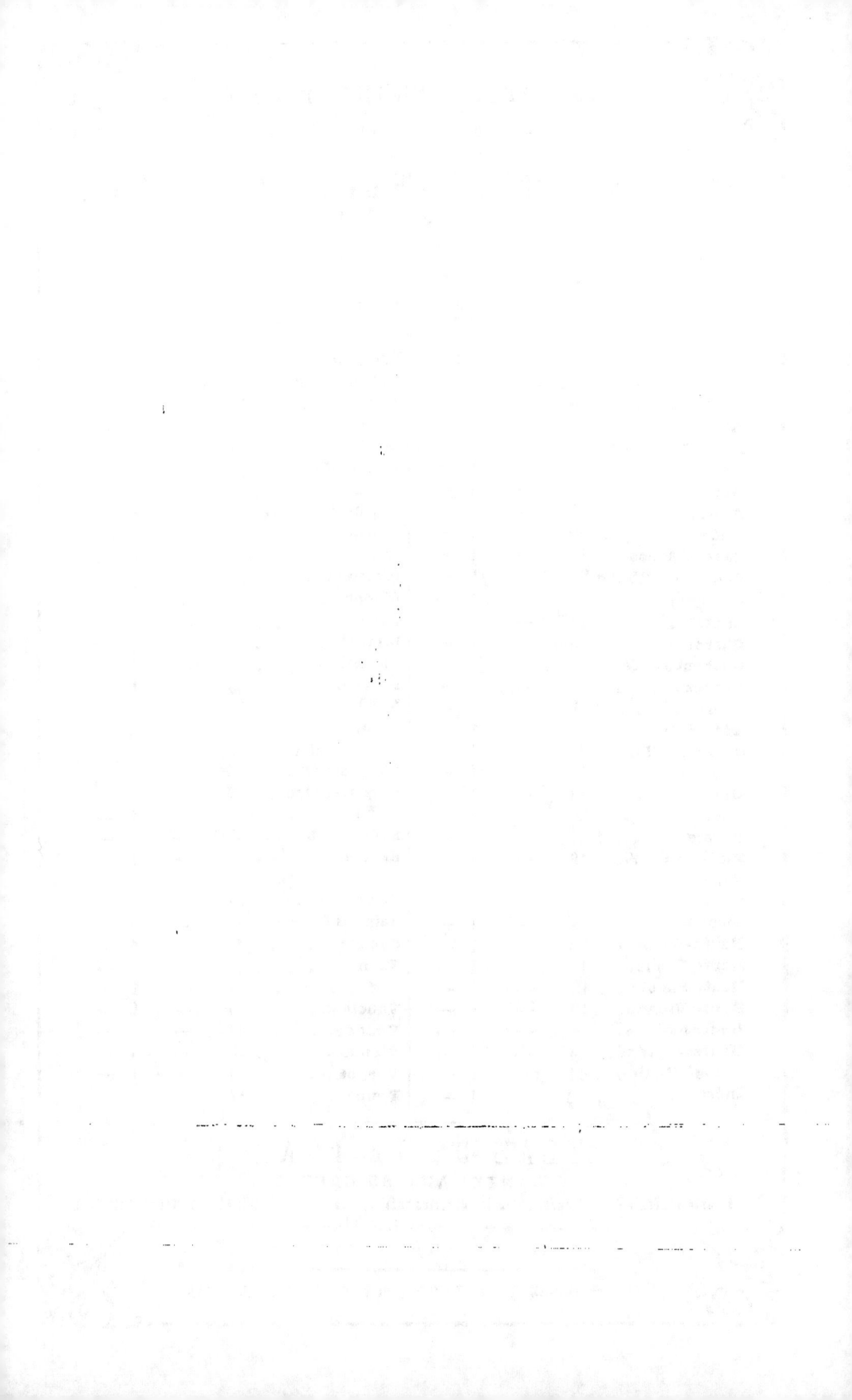

LIBRAIRIE HACHETTE ET Cⁱᵉ

A PARIS, BOULEVARD SAINT-GERMAIN, 79

NOUVELLE COLLECTION DES GÉOGRAPHIES DÉPARTEMENTALES
PAR AD. JOANNE

FORMAT IN-12 CARTONNÉ
Prix de chaque volume. . . . . 1 fr.

(Juillet 1880)

68 départements sont en vente

EN VENTE

Ain.	11 gravures, 1 carte.		Indre-et-Loire. .	21 gravures, 1 carte.	
Aisne.	20	— 1 —	Isère.	10	— 1 —
Allier.	27	— 1 —	Jura.	12	— 1 —
Alpes-Maritimes.	15	— 1 —	Landes	11	— 1 —
Ardèche	12	— 1 —	Loir-et-Cher . .	13	— 1 —
Ariège	8	— 1 —	Loire.	16	— 1 —
Aube.	14	— 1 —	Loire-Inférieure.	18	— 1 —
Aude. . . . :	9	— 1 —	Loiret.	22	— 1 —
Basses-Alpes. .	10	— 1 —	Lot	8	— 1 —
Bouch.-du-Rhône	24	— 1 —	Maine-et-Loire..	23	— 1 —
Calvados	11	— 1 —	Manche.. . . .	15	— 1 —
Cantal.	14	— 1 —	Marne.. . . .	12	— 1 —
Charente.. . . .	15	— 1 —	Meurthe.	31	— 1 —
Charente-Infér..	14	— 1 —	Morbihan. . . .	13	— 1 —
Corrèze.	11	— 1 —	Nièvre.. . . .	9	— 1 —
Corse.	11	— 1 —	Nord	20	— 1 —
Côte-d'Or . . .	21	— 1 —	Oise..	10	— 1 —
Côtes-du-Nord .	10	— 1 —	Pas-de-Calais. .	9	— 1 —
Deux-Sèvres. . .	14	— 1 —	Puy-de-Dôme . .	16	— 1 —
Dordogne. . . .	14	— 1 —	Pyrén.-Orient. .	15	— 1 —
Doubs	15	— 1 —	Rhône.	19	— 1 —
Drôme	15	— 1 —	Saône-et-Loire..	23	— 1 —
Finistère	16	— 1 —	Savoie.	14	— 1 —
Gard	12	— 1 —	Seine-et-Marne.	15	— 1 —
Gers	11	— 1 —	Seine-et-Oise. .	17	— 1 —
Gironde.	15	— 1 —	Seine-Inférieure.	15	— 1 —
Haute-Garonne .	12	— 1 —	Somme..	12	— 1 —
Haute-Saône.. .	12	— 1 —	Tarn	11	— 1 —
Haute-Savoie . .	19	— 1 —	Var.	12	— 1 —
Haute-Vienne. .	10	— 1 —	Vaucluse	16	— 1 —
Hautes-Alpes. .	18	— 1 —	Vendée.	14	— 1 —
Hautes-Pyrénées	14	— 1 —	Vienne.. . . .	15	— 1 —
Ille-et-Vilaine. .	14	— 1 —	Vosges	17	— 1 —
Indre.	22	— 1 —	Yonne..	17	— 1 —

ATLAS DE LA FRANCE
CONTENANT 95 CARTES
(1 carte générale de la France, 89 cartes départementales, 1 carte de l'Algérie et 4 cartes des Colonies)
1 beau volume in-folio, cartonné : 40 fr.

616. — IMPRIMERIE A. LAHURE, RUE DE FLEURUS, 9, A PARIS.

www.ingramcontent.com/pod-product-compliance
Lightning Source LLC
LaVergne TN
LVHW022137080426
835511LV00007B/1157